Einmachen

Autor: Hans Gerlach
Fotografie: Ulrike Schmid und Sabine Mader
Fotos mit Geschmack

Inhalt

Superfruchtig aufs Brot

Konfitüren, Gelees und Eiercremes

Selbst gemachte Brotaufstriche erinnern an entspannte Tage im Sommer, liebevolle Mütter, Großmütter und dicke Marmeladebrote. Jede Jahreszeit hat ihre Früchte, mit denen Sie in der Konfitüre-Küche zaubern können: im Frühling und Sommer aus dem Garten, im Herbst aus Wald und Garten. Und selbst im Winter müssen Sie nicht aufs Einkochen verzichten: Zitrusfrüchte sind dann am besten.

Aprikosenkonfitüre

Für ca. 1,4 l
1 kg Aprikosen
2 unbehandelte Zitronen
1 Vanilleschote (nach Belieben)
1 kg Gelier Zucker 1plus1

Zubereitung: 30 Min.
Ruhezeit: mindestens 3 Std.
Haltbarkeit: 12 Monate

Tipps

Dies ist ein Grundrezept, Sie können es also für alle gebräuchlichen Früchte verwenden.
Aprikosen lassen sich besonders gut mit Erdbeeren und den meisten anderen Beeren kombinieren. Bei manchen sehr aromatischen oder stark färbenden Beeren wie Heidel- oder Holunderbeeren können schon 10–20 % Beerenanteil ausreichen, um interessante Konfitüren zu kreieren.

1. Aprikosen abwiegen, erst dann waschen und gut abtropfen lassen. Die Früchte halbieren, die Steine entfernen. 500 g sehr klein würfeln, 500 g im Mixer pürieren. Zitronen waschen, etwas Schale abreiben, den Saft auspressen und 4 EL abmessen. Vanilleschote längs halbieren, das Mark mit einem Messerrücken herausschaben.

2. Alle Aprikosen mit Vanillemark und -schote, Zitronensaft und -schale sowie Gelierzucker mischen, mindestens 3 Std., am besten über Nacht, ziehen lassen.

3. Aprikosen in einem sehr großen Topf bei starker Hitze unter Rühren zum Kochen bringen, bis alles kräftig sprudelt. Erst jetzt beginnt die Kochzeit! 4 Min. sprudelnd kochen lassen, dabei nicht aufhören zu rühren.

4. Den Topf vom Herd nehmen, die Vanilleschote entfernen. Sterilisierte Twist-off-Gläser mit der heißen Masse randvoll füllen und sofort mit Schraubdeckel verschließen.

Gute Begleiter

Alle Konfitüren schmecken gut auf Brot oder feinem Hefegebäck sowie im Joghurt.

Brioches

Für 16 Stück 500 g Mehl und 1 TL Salz mischen. In eine Vertiefung 1/2 Würfel Hefe bröseln und 3 EL Zucker zugeben. 100 ml lauwarme Milch mit Hefe, Zucker und etwas Mehl in der Mulde verrühren und an einem warmen Ort 10 Min. gehen lassen. Alles mit 150 g weicher Butter und 3 Eiern gut verkneten. Zugedeckt 40 Min. gehen lassen. Kurz durchkneten, ruhen lassen. Backofen auf 180° vorheizen (Umluft 160°). Teig in 20 gleich große Stücke teilen, 16 zu glatten Kugeln rollen. In je 2 Papierbackförmchen 1 Kugel legen, einige Min. ruhen lassen. Die 4 verbleibenden Teigstücke vierteln und zu kleinen glatten Kugeln rollen. Mit dem Daumen tiefe Mulden in die großen Kugeln drücken, die kleinen hineinsetzen, leicht andrücken, 10 Min. gehen lassen. 1 Eigelb mit 2 EL Wasser verquirlen, auf die Brioches pinseln, 25 Min. backen.

Konfitüre kochen – genau erklärt

Konfitüre mit Fruchtstückchen: Eine Hälfte des Obstes in sehr kleine Stücke schneiden, die andere Hälfte pürieren. Wer keine Fruchtstückchen mag, püriert alles Obst.
Zeit zum Durchziehen: Obststücke und Obstpüree sollten mit Gelierzucker und Zitronensaft mindestens 3 Std. ziehen, hartschalige oder hartfleischige Früchte am besten über Nacht. Wenn Sie das Obst komplett pürieren, entfällt die Ruhezeit.
Gleichmäßige Konsistenz: Die Größe der Fruchtstückchen und die Ruhezeit sind wichtig, damit die Konfitüre gleichmäßig geliert und später keine Feuchtigkeit mehr aus den Fruchtstücken austritt.
Gelierzucker: Infos über Sorten und Anwendung finden Sie auf Seite 132/133.
Abfüllen: Nehmen Sie für Marmelade, Gelee und Konfitüre Twist-off-Gläser. Am besten sterilisieren Sie die sauberen Gläser vor dem Einfüllen (s. Seite 134).

Erdbeer-Rhabarber-Konfitüre

Für ca. 1 1/2 l
750 g Rhabarber, 750 g Erdbeeren
2 El Zitronensaft
500 g Gelier Zucker 3plus1

Zubereitung: 35 Min.
Ruhezeit: mindestens 3 Std.
Haltbarkeit: 12 Monate

1. Rhabarber waschen, putzen, in 2 cm lange Stücke schneiden. In 100 ml Wasser zugedeckt 5 Min. dünsten, bei starker Hitze offen in 5 Min. einkochen lassen.

2. Erdbeeren waschen, gut abtropfen lassen und entkelchen. Eine Hälfte sehr klein würfeln, die andere pürieren. Beide mit Zitronensaft und Gelierzucker mischen, mindestens 3 Std. ziehen lassen.

3. Rhabarber und Erdbeeren in einem großen Topf mischen, bei starker Hitze unter Rühren zum Kochen bringen. 4 Min. sprudelnd kochen lassen, dabei weiter rühren. Die heiße Masse randvoll in Twist-off-Gläser füllen, sofort verschließen.

Gute Begleiter
Erdbeer-Rhabarber-Konfitüre passt besonders gut zu Ziegenfrischkäse.

Mirabellenkonfitüre

Für ca. 1 l
900 g Mirabellen, 1 unbehandelte Orange
500 g Gelier Zucker 2plus1
1 Zimtstange, 1 Stück Muskatblüte, 1 TL Pimentkörner
2 Gewürznelken, 1/2 TL Kardamomsamen
1 Teeei oder Papierteefilter

Zubereitung: 30 Min.
Ruhezeit: mindestens 3 Std.
Haltbarkeit: 12 Monate

1. Mirabellen waschen, gut abtropfen lassen, halbieren und entsteinen. Eine Hälfte pürieren, die andere klein schneiden. Orange heiß waschen, die Schale abreiben, den Saft auspressen. Mirabellen mit Gelierzucker und Orangensaft mischen. Die Gewürze in einem Mörser leicht quetschen und in ein Teeei füllen, zu den Früchten geben. 3 Std. ziehen lassen.

2. Die Mirabellen bei starker Hitze unter Rühren zum Kochen bringen, bis alles kräftig sprudelt. 4 Min. sprudelnd kochen lassen, dabei weiterrühren.

3. Twist-off-Gläser mit der heißen Masse randvoll füllen und sofort verschließen.

Gute Begleiter
Durch die spezielle Gewürzmischung passt die Konfitüre gut zu herbstlichem Gebäck, wie z.B. Honigkuchen. Backen Sie einmal eine Linzer Torte mit Mirabellenkonfitüre statt mit Johannisbeergelee.

Stachelbeer-Kirsch-Konfitüre

Für ca. 1,4 l
500 g Stachelbeeren
500 g Süßkirschen (ca. 450 g Fruchtfleisch)
1 kg Gelier Zucker 1plus1

Zubereitung: 50 Min.
Ruhezeit: mindestens 3 Std.
Haltbarkeit: 12 Monate

1. Das Obst waschen und gut abtropfen lassen. Stachelbeeren pürieren. (Wenn Sie eine kernlose Konfitüre haben möchten, das Püree durch ein Sieb oder Passiergerät passieren.) Kirschen entstielen, entsteinen und klein schneiden. Kirschen mit Stachelbeerpüree und dem Gelierzucker mischen und mindestens 3 Std. ziehen lassen.

2. Alles bei starker Hitze unter Rühren zum Kochen bringen, bis alles kräftig sprudelt. 4 Min. sprudelnd kochen lassen, dabei ständig weiterrühren.

3. Twist-off-Gläser zügig mit der heißen Masse randvoll füllen und sofort verschließen.

Birnen-Tee-Konfitüre

Für ca. 1 1/4 l
750 g vollreife Birnen (z.B. Williams oder Santa Maria)
250 g Äpfel (z.B. Elstar oder Boskop)
4 EL Zitronensaft
1 kg Gelier Zucker 1plus1
2 EL Teeblätter (z.B. Earl Grey oder grüner Tee)
1 Teeei oder 1 Papier-Tee-Filter mit Verschluss

Zubereitung: 30 Min.
Haltbarkeit: 12 Monate

1. Birnen und Äpfel schälen, vierteln, putzen und mit einer groben Reibe direkt in einen großen Topf reiben. Zitronensaft und Gelierzucker zugeben, gründlich mischen. Teeblätter in Teeei oder Teefilter füllen, verschließen und zu den Früchten geben.

2. Das Obst bei starker Hitze unter Rühren zum Kochen bringen, bis alles kräftig sprudelt. 4 Min. sprudelnd kochen lassen, dabei nicht aufhören zu rühren.

3. Den Topf vom Herd nehmen. Teeei entfernen. Twist-off-Gläser mit der heißen Masse randvoll füllen und sofort verschließen.

Gute Begleiter
1 Stück Blätterteig mit Birnenspalten belegen. Birnenkonfitüre zerlassen, darauf streichen. Im Backofen bei 180° 16–20 Min. backen, nochmal mit Konfitüre bestreichen, mit Vanilleeis servieren.

Für ca. 1,4 l
1,6 kg rosa Grapefruits
1/2 Zimtstange
5 Sternanis
1 kg Gelier Zucker 1plus1

Zubereitung: 50 Min.
Ruhezeit: mind. 3 Std.
Haltbarkeit: 12 Monate

Rosa Grapefruitmarmelade

1. Die Grapefruits mit einem scharfen Messer schälen, dabei auch die weiße Haut entfernen. Die Filets über einer Schüssel auslösen, aus den Resten den Saft ausdrücken. Früchte und Saft abmessen, es soll genau 1 l sein.

2. Grapefruits mit Zimt, Anis und Gelierzucker bei starker Hitze unter Rühren zum Kochen bringen, bis alles kräftig sprudelt. 4 Min. sprudelnd kochen lassen, dabei weiterrühren.

3. Den Topf vom Herd nehmen, Zimt entfernen. Twist-off-Gläser randvoll füllen, dabei in jedes Glas 1 Anisstern geben und sofort verschließen.

Gute Begleiter
Diese sanft-herbe Marmelade passt besonders gut zu Vollkornbrot mit Frischkäse.

Tipps

Wenn Sie die Marmelade mit Rum aromatisieren wollen, muss besonders viel Pektin in der Masse sein, denn Alkohol mindert seine Gelierfähigkeit. Deshalb Kerne und Hautreste mit dem Saft 30 Min. köcheln lassen. Den Saft durch ein feines Sieb zu den Filets geben, die Marmelade wie beschrieben kochen und unmittelbar vor dem Abfüllen 4 cl Rum dazugeben.

Für ca. 1,6 l
1 1/4 kg unbehandelte Orangen
250 g unbehandelte Zitronen
1 kg Gelier Zucker 1plus1

Vorbereitung: 15 Min.
Garzeiten: 50 Min.
Haltbarkeit: 12 Monate

Variante

Mit Pomeranzen (Bitterorangen, gibt es manchmal im Januar oder Februar) wird die Marmelade deutlich herber.

Englische Orangenmarmelade

1. Die Zitrusfrüchte längs halbieren und in sehr dünne Scheiben schneiden, dabei alle Kerne und Enden entfernen. Scheiben mit 1/2 l Wasser zugedeckt zum Kochen bringen. Bei schwacher Hitze 40 Min. kochen lassen, bis die Schalen weich sind, regelmäßig rühren. Vom Herd nehmen, abkühlen lassen und 1,2 l abmessen.

2. Mit Gelierzucker in den Topf geben, bei starker Hitze unter Rühren zum Kochen bringen, bis alles kräftig sprudelt. 4 Min. sprudelnd kochen lassen, dabei nicht aufhören zu rühren.

3. Die heiße Masse randvoll in Twist-off-Gläser füllen und sofort verschließen.

Gute Begleiter
Zum englischen »Cream-Tea« werden Scones, »clotted cream« – eine fette, ganz leicht gesäuerte Sahne, die Sie am ehesten durch Creme double ersetzen können – und Orangenmarmelade gereicht.

Tipp

Wenn die Schale von Zitrusfrüchten mitverwendet wird, müssen Sie unbedingt unbehandelte Früchte nehmen. Am besten sogar Bio-Früchte, denn die sind nicht nur nicht gewachst (= unbehandelt), sondern werden auch nicht gespritzt.

Für ca. 900 ml
500 g Himbeeren
500 g Gelier Zucker 1plus1
(s. Tipp Seite 133)
2 EL Zitronensaft
1–2 Zweige Zitronenmelisse

Zubereitung: 20 Min.
Ruhezeit: mindestens 12 Std.
Haltbarkeit: 1 Monat im Kühl-
schrank

Kaltgerührte Himbeer-konfitüre

1. Himbeeren verlesen, nur falls nötig waschen, weil sie dabei Saft verlieren und verwässern. Den Gelierzucker mit den Beeren mischen, dabei die Beeren leicht zerdrücken. Zudecken und mindestens 12 Std. ziehen lassen.

2. Zitronenmelisse waschen und trockenschütteln. Die Blättchen abzupfen, mit Beeren und Zitronensaft im Mixer 10 Min. durchmixen, bis die Masse bindet. Das Püree eventuell durch ein Sieb streichen oder mit einer »Flotten Lotte« passieren, um die Kerne zu entfernen.

3. Die Konfitüre in kleine, sterilisierte Twist-off-Gläser (s. Seite 134) füllen, einige Std. offen im Kühlschrank stehen lassen, damit die eingerührte Luft entweichen kann, dann verschließen und kühl lagern.

Gute Begleiter
Mit etwas Orangenlikör oder Apfelsaft verdünnt, wird aus der Konfitüre eine Sauce für fruchtige Desserts mit Milchprodukten.

Für ca. 900 ml
500 g Pflaumen oder Zwetschgen
50 g schwarze Johannisbeeren
150 g–350 g Honig (nach
Geschmack)
1/2 TL Agar-Agar (Bioladen)
2 EL Zitronensaft
2 EL gehackte grüne Pistazienkerne
(nach Belieben)
2–3 EL Zwetschgenwasser oder
Rum

Zubereitung: 20 Min.
Ruhezeit: mindestens 12 Std.
Haltbarkeit: 1–2 Wochen im Kühl-
schrank

Kaltgerührte Pflaumen-konfitüre

1. Die Früchte waschen, entsteinen, mit dem Honig in eine Schüssel geben. Umrühren, zudecken und mindestens 12 Std. ziehen lassen.

2. Pflaumen mit Johannisbeeren in einen Mixer geben und 10 Min. mixen. Das Fruchtpüree eventuell durch ein Sieb oder die »Flotte Lotte« passieren, um dadurch Schalenreste zu entfernen.

3. Agar-Agar mit Zitronensaft und 100 ml Wasser verrühren, in einem kleinen Topf zum Kochen bringen und etwas abkühlen lassen. Mit den Pistazien unter die Fruchtmasse mischen.

4. Die Konfitüre in kleine, sterilisierte Twist-off-Gläser (s. Seite 134) füllen, im Kühlschrank einige Std. offen stehen lassen. Auf jedes Glas 1 TL Zwetschgenwasser geben, verschließen und im Kühlschrank lagern – am ersten Tag nicht bewegen, da Agar-Agar sehr langsam geliert.

Tipp

Kaltgerührte Konfitüren mit Agar-Agar sind eigentlich eher feste Fruchtsaucen. Sie setzen sich nach 1–2 Wochen ab, sind dann zwar noch gut, aber nicht mehr schön.

Für ca. 550 ml
550 g Kapstachelbeeren (Physalis)
1 EL Zitronensaft
250 g Gelier Zucker 2plus1
(s. Tipp Seite 133)
2–3 Zweige Minze oder Zitronen-
Verbene

Zubereitung: 20 Min.
Ruhezeit: 12 Std.
Haltbarkeit: 12 Monate

Konfitüre von Kapstachel-beeren mit Minze

1. Die Hüllblätter der Kapstachel-beeren entfernen, 500 g Früchte abwiegen, waschen und gründlich abtropfen lassen. Eine Hälfte vierteln, die andere pürieren. Früchte, Zitronensaft und Gelierzucker mischen und zugedeckt mindestens 12 Std. ziehen lassen.

2. Minze waschen, trockenschütteln und fein schneiden. Physalis in einem mittelgroßen Topf bei starker Hitze unter Rühren zum Kochen bringen. 4 Min. sprudelnd kochen lassen, dabei weiterrühren.

3. Den Topf vom Herd nehmen, Minze unterrühren. Kleine Twist-off-Gläser mit der heißen Masse randvoll füllen und sofort verschließen.

Gute Begleiter
Etwas Konfitüre mit Sherryessig, Salz, Pfeffer und Nussöl angerührt ergibt eine perfekte Vinaigrette zum Käsegang eines Nouvelle-Cuisine-Menüs im Stil der 80er-Jahre – deren »Lieblingsdeko« die Physalis war.

Für ca. 1,1 l
1 kg reife Pfirsiche oder Nektarinen
2 EL Zitronensaft
500 g Gelier Zucker 2plus1
1 Hand voll (ca. 20 g) unbehandelte
Rosenblütenblätter (am besten
Duft-Rosen)

Zubereitung: 20 Min.
Ruhezeit: mindestens 3 Std.
Haltbarkeit: 12 Monate

Rosenblütenkonfitüre mit Pfirsich

1. Pfirsiche kreuzweise einritzen, 30–60 Sek. (je nach Reife) in kochendes Wasser legen, bis sich die Haut leicht löst. Kalt abschrecken, schälen, halbieren und entsteinen. Eine Hälfte mit Zitronensaft im Mixer pürieren, die andere sehr klein würfeln. Beides mit Gelierzucker mischen, mindestens 3 Std. ziehen lassen.

2. Die Früchte in einem großen Topf bei starker Hitze unter Rühren zum Kochen bringen, bis alles kräftig sprudelt. 4 Min. sprudelnd kochen lassen, dabei immer weiterrühren.

3. Den Topf vom Herd nehmen, die Rosenblätter einrühren. Twist-off-Gläser mit der heißen Masse randvoll füllen. Sofort verschließen.

Gute Begleiter
Feine Konfitüre für feines Gebäck, z.B. zu Hefezöpfen und Buttertoast.

Tipp

Viele Blütenblätter eignen sich zum Aromatisieren, z.B. Holunderblüten oder Lavendel. In der großen Hitze beim Einkochen verlieren sie meist Form und Farbe – der Geschmack bleibt. Verwenden Sie nur unbehandelte Blüten aus dem Garten, nicht aus dem Blumenladen!

Für ca. 1 l
1 kg aromatische Aprikosen
800 g Einmachzucker
2 unbehandelte Zitronen
1 Teeei

Zubereitung: 45 Min.
Ruhezeit: 12 Std.
Haltbarkeit: 12 Monate

Traditionelle Aprikosen-konfitüre

1. Die Aprikosen kreuzweise einritzen, 30–60 Sek. (je nach Reife) in kochendes Wasser legen, bis sich die Haut löst. Kalt abschrecken, schälen, halbieren und entsteinen. 10 Aprikosen-Steine mit einem Nussknacker öffnen, die Kerne in einem kleinen Topf mit Wasser 1 Min. kochen, abgießen und in ein Teeei geben. Aprikosen mit dem Zucker mischen. 1 Zitrone heiß waschen, die Schale abreiben, beide Zitronen auspressen. Saft, Schale und das Teeei zu den Aprikosen geben, zugedeckt mindestens 12 Std. ziehen lassen.

2. Aprikosen mit dem ausgetretenen Saft in einem sehr großen Topf bei starker Hitze unter Rühren zum Kochen bringen, bis alles kräftig sprudelt. Bei mittlerer Hitze 20–30 Min. kochen lassen, dabei häufig umrühren. Nach 20 Min. eine Gelierprobe (s. Seite 132) machen. Eventuell weiterkochen und alle 2 Min. nochmals testen.

3. Den Topf vom Herd nehmen, das Teeei entfernen. Twist-off-Gläser mit der heißen Masse randvoll füllen und sofort verschließen.

Gute Begleiter
Unverzichtbar beim Backen. Leicht erwärmt und mit wenig Wasser verdünnt, gibt sie vielen Kuchen und Gebäckstücken Glanz und Duft.

Für ca. 1 l
600 g Preiselbeeren oder
Cranberries
700 g Einmachzucker
500 g Kürbis
2 Stück Ingwer (5 cm)
1 Msp. gemahlener Kardamom
(nach Belieben)

Zubereitung: 45 Min.
Ruhezeit: mindestens 3 Std.
Haltbarkeit: 12 Monate

Preiselbeer-Kürbis-Konfitüre

1. Preiselbeeren waschen und verlesen, gut abtropfen lassen. Die Beeren mit einer Gabel leicht zerdrücken und mit dem Zucker mischen. Mindestens 3 Std. ziehen lassen. Dann pürieren und durch ein Sieb streichen.

2. Kürbis schälen und grob raspeln, Ingwer schälen und fein reiben. Kürbis, Ingwer und Kardamom in 100 ml Wasser 5 Min. dünsten.

3. Beeren und Zucker zugeben, bei starker Hitze unter Rühren zum Kochen bringen, bis alles kräftig sprudelt. Bei mittlerer Hitze 20–30 Min. kochen lassen, dabei häufig umrühren. Nach 20 Min. eine Gelierprobe (s. Seite 132) machen, die Kochzeit eventuell um 2 Min. verlängern.

4. Twist-off-Gläser mit der heißen Masse randvoll füllen und sofort verschließen.

Gute Begleiter
Der Kürbis macht die Konfitüre etwas milder, so dass sie auch als Brotaufstrich geeignet ist. Besonders hübsch: Zu Wildgerichten in kleinen Mürbteigtorteletts (Fertigprodukt).

Felsenbirnen-Konfitüre

Für ca. 1 1/2 l
800 g Felsenbirnen
350 g Limetten
1 kg Gelier Zucker 1plus1

Zubereitung: 20 Min.
Haltbarkeit: 12 Monate

1. Felsenbirnen und Limetten waschen und gut abtropfen lassen. 1 Limette waschen, die Schale dünn abreiben. Alle Limetten auspressen, den Saft in einem sehr großen Topf mit Felsenbirnen und Zucker mischen. Die Felsenbirnen mit einer Gabel leicht zerdrücken.

2. Alles bei starker Hitze unter Rühren zum Kochen bringen, bis alles kräftig sprudelt. 4 Min. sprudelnd kochen lassen, dabei weiterrühren.

3. Twist-off-Gläser mit der heißen Masse randvoll füllen und sofort verschließen.

Tipp

Felsenbirnen kann man nur im Garten ernten, nicht kaufen. Die Sträucher mit den weißen, duftenden Blüten werden von Bienen sehr geschätzt. Ihre Früchte sind etwa erbsen- bis kirschgroß und purpurfarben (im Bild links). An sonnigen bis halbschattigen Plätzen wächst die Felsenbirne sehr gut im Garten oder in größeren Pflanzkübeln auf der Terrasse.

Erdbeerkonfitüre mit schwarzen Johannisbeeren

Für ca. 1,4 l
800 g Erdbeeren
2 EL Zitronensaft
200 g schwarze Johannisbeeren
(oder Holunderbeeren an den Dolden)
500 g Gelier Zucker 2plus1

Zubereitung: 30 Min.
Ruhezeit: mindestens 3 Std.
Haltbarkeit: 12 Monate

1. Erdbeeren waschen und gut abtropfen lassen, putzen und entkelchen. Eine Hälfte sehr klein würfeln, die andere mit Zitronensaft pürieren. Johannisbeeren waschen und abtropfen lassen. (Holunderbeeren an den Dolden abspülen, gut abtropfen lassen und mit einer Gabel abstreifen.) Beeren mit Gelierzucker gründlich mischen und mindestens 3 Std. ziehen lassen.

2. In einem großen Topf bei starker Hitze unter Rühren zum Kochen bringen, bis alles kräftig sprudelt. 4 Min. sprudelnd kochen lassen, dabei ständig weiterrühren.

3. Twist-off-Gläser zügig mit der heißen Masse randvoll füllen und sofort verschließen.

Gute Begleiter
Kleine Pfannkuchen oder Rahmdalken (s. Seite 40) mit 1 Klecks Schmand oder Crème fraîche und 1 TL Erdbeer-Johannisbeer-Konfitüre servieren.

Tipps

Reine Erdbeerkonfitüre verliert nach wenigen Monaten ihre schöne rote Farbe. Wenn Sie die Beeren mit einem kleinen Teil stark färbenden Früchten wie schwarzen Johannisbeeren, Holunder- oder Brombeeren mischen, behält die Konfitüre ihre Farbe.

Für ca. 1,4 l
1 1 /2 kg rote Johannisbeeren
1 Vanilleschote
1 kg Gelier Zucker 1plus1

Zubereitung: 30 Min. + Zeit zum
Entsaften
Abkühlzeit: 2 Std.
Haltbarkeit: 12 Monate

Johannisbeergelee

1. Johannisbeeren waschen, gut abtropfen lassen und von den Stielen streifen. Die Beeren in einem großen Topf oder im Dampfentsafter entsaften (s. unten). Vanilleschote längs aufschlitzen, Mark herauskratzen. Beides in den heißen Johannisbeersaft geben, ganz abkühlen lassen.

2. 1 l Saft abmessen, mit dem Gelierzucker mischen und in einem großen Topf bei starker Hitze unter Rühren zum Kochen bringen, bis alles kräftig sprudelt. 4 Min. sprudelnd kochen lassen, dabei nicht aufhören zu rühren.

3. Den Topf vom Herd nehmen. Twist-off-Gläser mit der heißen Masse randvoll füllen und sofort verschließen.

Gute Begleiter
1 oder 2 EL Johannisbeergelee verfeinern jede Sauce zu Schmorbraten oder Wildgerichten. Gleichzeitig bekommen die Saucen einen leichten Glanz.

Varianten

Neben Vanille und Zimt ist Safran (1/2 TL Fäden für das Gelee) eines der wenigen Gewürze, welches gut zu Johannisbeeren passt – das klassische Johannisbeergelee kommt aber sehr gut ohne jedes Gewürz aus.
Sie können rote mit schwarzen Johannisbeeren mischen, Geschmack und Farbe werden dadurch intensiver.

Entsaften – genau erklärt

Im Topf: Die Johannisbeeren in 1/2 l Wasser 15 Min. kochen, bis alle Beeren weich und aufgeplatzt sind. Bis die Masse kocht, den Topf zudecken, dann den Deckel abnehmen. Ein großes Nudelsieb mit einem feuchten Geschirrtuch auslegen und auf eine Schüssel stellen. Das Kochgut hineingießen und den Saft ablaufen lassen. Die Saftausbeute ist noch etwas größer, wenn Sie die Ecken des Tuches verknoten und das Tuch über der Schüssel aufhängen.

Im Dampfentsafter: Den Wassertopf zu einem Drittel mit Wasser füllen, das Saftauffanggefäß aufsetzen und die Beeren in den Fruchtkorb geben. Den Fruchtkorb aufsetzen, zudecken. Entsafter auf den Herd stellen, Masse zum Kochen bringen und 30–45 Min. entsaften. Ca. 5 Min. vor dem Ende der Entsaftungszeit 1 l Fruchtsaft ablassen und über den Fruchtbrei im Fruchtkorb gießen. Dadurch wird das Obst besonders gut ausgewertet, der Saft gleichmäßig pasteurisiert. Den Saft durch den Abflussschlauch in eine Schüssel lassen.

Entsaftungszeit: Johannisbeeren gehören zu den Früchten mit der kürzesten Entsaftungszeit, Quitten und andere feste Früchte benötigen bis zu 1 1/2 Std.!

Trinksaft: Wenn Sie größere Mengen Obst entsaften, lohnt es sich, einen Teil als Trinksaft abzufüllen. Sterilisieren Sie die Flaschen (s. Seite 134), füllen Sie den kochend heißen Saft direkt hinein und verschließen Sie die Flaschen sofort. Für die Haltbarkeit eines sorgfältig und heiß eingefüllten Fruchtsaftes ist keine Zuckerzugabe notwendig; viele Fruchtsäfte schmecken aber besser mit etwas Zucker: je nach Säuregehalt der Früchte nach Geschmack zwischen 50 g (Äpfel, Birnen, Zwetschken) und 200 g Zucker (Johannisbeeren, Rhabarber) pro l Saft. Den Saft noch einmal kurz mit dem Zucker aufkochen lassen, bevor Sie ihn in die Flaschen füllen.

Für ca. 1,1 l
1 kg Schlehen (gefroren oder nach dem ersten Frost geerntet, s. Tipp)
1 kg Pflaumen (frisch oder TK)
500 g Gelierzucker 2plus1

Zubereitung: 20 Min. + Zeit zum Entsaften
Abkühlzeit: 2 Std.
Haltbarkeit: 12 Monate

Gute Begleiter
Das fein-herbe Gelee eignet sich gut als Brotaufstrich. Himmlisch: Reh- oder Lammragout mit 1 großen Schuss Rotwein und etwas Schlehengelee.

Schlehengelee

1. Die Früchte waschen und gut abtropfen lassen, Pflaumen entsteinen. Die Früchte am besten im Dampfentsafter in 45 Min. entsaften. Im Topf wird der Saft etwas herber (s. Kasten Seite 40). Den Saft vollständig abkühlen lassen.

2. 1 l Saft abmessen und in einen großen Topf geben. Gelierzucker gut unterrühren. Bei starker Hitze unter Rühren zum Kochen bringen, bis alles kräftig sprudelt. 4 Min. sprudelnd kochen lassen, dabei ständig rühren.

3. Twist-off-Gläser zügig mit dem heißen Gelee randvoll füllen und sofort verschließen.

Tipps

Schlehen, manchmal auch Vogelbeeren, werden nach dem ersten Frost gesammelt, da durch den Frost ein Teil ihrer Bitterstoffe abgebaut wird. Wenn Sie den Vögeln zuvorkommen möchten, können Sie die Früchte im Herbst sammeln und über Nacht im Gefrierschrank einfrieren.
Sie können den Anteil der Pflaumen der Menge der Schlehenernte anpassen. Die Pflaumen runden das intensive Schlehenaroma ab, ohne einen anderen Geschmack beizutragen.

Für ca. 1 1/2 l
1 1/2 kg Kornelkirschen
1 kg Gelier Zucker 1plus1
1 Vanilleschote

Zubereitung: 40 Min.
Abkühlzeit: 2 Std.
Haltbarkeit: 12 Monate

Kornelkirschen-Konfitüre

1. Die Kornelkirschen waschen und abtropfen lassen. In einem Topf mit 1/2 l Wasser in 5–10 Min. zugedeckt bei schwacher Hitze weich kochen. Früchte und Garflüssigkeit mit einem Holzlöffel durch ein grobmaschiges Sieb oder eine »Flotte Lotte« passieren. Abkühlen lassen.

2. 1 kg Fruchtmus mit dem Gelierzucker in einem sehr großen Topf mischen. Vanilleschote längs halbieren, das Mark herausschaben, zu den Früchten geben. Bei starker Hitze unter Rühren zum Kochen bringen, bis alles kräftig sprudelt. 4 Min. sprudelnd kochen lassen, dabei ständig weiterrühren.

3. Twist-off-Gläser zügig mit der heißen Masse randvoll füllen und sofort verschließen.

Gute Begleiter
Die aromatische Konfitüre passt z.B. zu frischem Ziegenkäse; auch ein Feldsalat mit Nussöl-Vinaigrette, gratiniertem Käse und 1 kleinen Löffel Konfitüre ist hervorragend.

Tipp

Die Kornelkirsche ist in Gärten und Parks sehr verbreitet. Sie blüht gelb, die Früchte sind dunkelrot, etwas kleiner als Kirschen und haben einen länglichen Stein. Die vollreifen Früchte fallen vom Strauch, aus hygienischen Gründen kann man sie kurz vorher abernten. Ihr Vitamin-C-Gehalt ist sehr hoch.
Kornelkirschen eignen sich auch gut für Gelee.

Vogelbeeren-Birnen-Gelee

Für ca. 1 1/2 l
1 kg Vogelbeeren (Ebereschen)
1 kg reife Birnen (z.B. Santa Maria
oder Williams)
4 EL Zitronensaft
1 Vanilleschote
1 kg Gelier Zucker 1plus1

Gefrierzeit: 12 Std.
Zubereitung: 30 Min. + Zeit zum
Entsaften
Abkühlzeit: 2 Std.
Haltbarkeit: 12 Monate

1. Vogelbeeren abspülen und gut abtropfen lassen, über Nacht einfrieren. Die Beeren mit einer Gabel von den Stielen streifen, dabei ist es wichtig, dass keine Stielreste an den Beeren bleiben. Birnen waschen und gut abtrocknen, vierteln und mit Schalen und Kerngehäusen in Scheiben schneiden. Die Früchte mit dem Zitronensaft 1 Std. im Dampfentsafter entsaften. Den Saft ablaufen und ganz abkühlen lassen.

2. Vanilleschote aufschneiden, das Mark herauskratzen. 1 l Saft abmessen und in einem großen Topf mit Zitronensaft, Gelierzucker, Vanillemark und -schote mischen. Bei starker Hitze unter Rühren zum Kochen bringen. 4 Min. sprudelnd kochen lassen, dabei ständig rühren.

3. Den Topf vom Herd nehmen, die Vanilleschote entfernen. Twist-off-Gläser zügig mit der heißen Masse randvoll füllen und sofort verschließen.

Gute Begleiter
Das Gelee passt gut zu Wild und aromatischem Käse.

Tipps

Das Einfrieren reduziert die Bitterstoffe in den Früchten (s. Tipp Seite 22). Manche der vielen Ebereschensorten sind auch nach dem Einfrieren noch sehr bitter. Einige Sorten sind für den Verzehr besonders geeignet, z.B. »Edulis«, die oft in Gärten gepflanzt wird.

Brombeerkonfitüre mit Kakao

Für ca. 1,1 l
600 g Brombeeren
500 g Gelierzucker 2plus1
400 g Aprikosen, Nektarinen oder
Pfirsiche
2 EL Zitronensaft
2 EL Kakaopulver

Zubereitung: 30 Min.
Haltbarkeit: 12 Monate

1. Die Brombeeren waschen, gut abtropfen lassen, entkelchen und mit dem Gelierzucker mischen. Die Beeren dabei ganz leicht zerdrücken. Aprikosen waschen, halbieren und entsteinen, mit dem Zitronensaft im Mixer pürieren, zu den Beeren geben.

2. Die Früchte in einem großen Topf bei starker Hitze unter Rühren zum Kochen bringen, bis alles kräftig sprudelt. Kakao unterrühren, 4 Min. sprudelnd kochen lassen, dabei nicht aufhören zu rühren.

3. Twist-off-Gläser mit der heißen Masse randvoll füllen und sofort verschließen.

Tipp

Kakaopulver enthält Kakaobutter, die nach ca. 18 Monaten ranzig wird – achten Sie deshalb auf das Mindesthaltbarkeitsdatum des Kakaos.
Statt Kakao können Sie auch geriebene Kuvertüre verwenden. Auch Kuvertüre, Schokolade und andere fetthaltige Geschmackszutaten wie z.B. Nüsse oder Samen müssen besonders frisch sein, wenn Sie sie für Konfitüre verwenden.

Für ca. 1 1/4 l
1 kg Quitten
2 El Zitronensaft
750 g Einmachzucker
Papier-Teefilter mit Verschluss

Zubereitung: 1 Std.
Haltbarkeit: 12 Monate

Quittenkonfitüre

1. Quitten waschen, Stiele und Blütenansätze entfernen. Die Früchte in Schnitze schneiden, Kerngehäuse entfernen, in Papier-Teefilter füllen und verschließen. (Die Kerngehäuse enthalten viel Pektin, wichtig fürs Gelieren!) Quitten und Kerngehäuse mit 1/2 l Wasser 40 Min. bei schwacher Hitze kochen, bis die Quitten beginnen zu zerfallen. Den Teefilter entfernen, die Früchte mit dem Sud pürieren.

2. 1 kg Fruchtpüree abwiegen und mit 750 g Zucker unter Rühren aufkochen, bei starker Hitze 10 Min. unter ständigem Rühren kochen lassen. Gelierprobe machen (s. Seite 132), Geliert die Konfitüre noch nicht, 2 Min. weiter kochen, Gelierprobe wiederholen.

3. Twist-off-Gläser mit der heißen Masse randvoll füllen und sofort verschließen.

Gute Begleiter
Quittenkonfitüre, besonders mit Senfkörnern, passt gut zu mariniertem Lachs und Räucherlachs.

Tipp

Wenn Sie eine »Flotte Lotte« zum Passieren haben, können Sie die gewaschenen Früchte einfach mit dem Kerngehäuse grob zerkleinern und dann wie beschrieben kochen.

Für ca. 1,6 l
1 1/2 kg Quitten
6 unbehandelte Zitronen
1 kg Gelierzucker 1plus1
2 EL Orangenlikör

Zubereitung: 1 Std. + Zeit zum Entsaften und Abkühlen
Haltbarkeit: 12 Monate

Quitten-Zitronen-Gelee

1. Quitten mit einem Tuch abreiben, waschen und Stiel und Blüte entfernen. Quitten mit Schalen und Kerngehäusen mit einem großen Brotmesser in Würfel schneiden. Zitronen waschen und vierteln. Die Früchte mit 1 1/2 l Wasser in 45 Min. weich kochen.

2. Ein großes Nudelsieb mit einem feuchten Küchentuch auslegen, auf einen großen Topf stellen. Den Saft hineingießen, langsam ablaufen und vollständig abkühlen lassen.

3. 1,1 l Saft abmessen, mit dem Gelierzucker mischen und in einem großen Topf bei starker Hitze unter Rühren zum Kochen bringen, bis alles kräftig sprudelt. 4 Min. sprudelnd kochen lassen, dabei weiterrühren.

4. Den Topf vom Herd nehmen, 2 EL Likör zugeben. Twist-off-Gläser mit der heißen Masse randvoll füllen und sofort verschließen.

Gute Begleiter
1 TL Quitten-Zitronen-Gelee gibt einer Vinaigrette den letzten Pfiff.

Tipp

Apfelquitten haben ein hartes, eher trockenes Fruchtfleisch, sind aber herb-würzig und sehr aromatisch. Birnenquitten sind weicher und im Geschmack lieblicher. Für Konfitüre und Gelee eignen sich beide Sorten.

Für ca. 1 l
1,3 kg saftige, aromatische Tomaten
ca. 8 Zweige Zitronen-Thymian
1/2 TL Salz
500 g Gelier Zucker 2plus1

Zubereitung: 1 Std.
Zeit zum Entsaften: 24 Std.
Haltbarkeit: 12 Monate

Weißes Tomatengelee

1. Tomaten und Thymianzweige waschen. Tomaten und 3 Zweige grob zerkleinern, dabei die Stiele und Stielansätze entfernen. Beides mit Salz und 4–5 EL Gelierzucker im Mixer fein pürieren. Ein großes Nudelsieb mit einem feuchten Geschirrtuch auslegen und auf einen großen Topf stellen. Die Masse ins Sieb gießen und den Saft mindestens 24 Std. ablaufen lassen. Die Saftausbeute ist noch größer, wenn Sie die Ecken des Tuches verknoten und über der Schüssel aufhängen.

2. 1 l Tomatensaft abmessen und mit dem restlichen Gelierzucker in einem großen Topf mischen. Bei starker Hitze unter Rühren zum Kochen bringen, bis alles kräftig sprudelt. 4 Min. sprudelnd kochen lassen, dabei nicht aufhören zu rühren.

3. Den Topf vom Herd nehmen. Je 1 Stück Zitronen-Thymian in kleine Twist-off-Gläser stecken, mit der heißen Masse randvoll füllen und sofort verschließen.

Gute Begleiter
Brot und Butter und Käse. Und: Mit 1–2 EL Tomatengelee lassen sich Nudelsaucen aus geschmacksarmen Tomaten prima aufpeppen.

Für ca. 1,4 l
1,2 kg grüne Tomaten
2 unbehandelte Limetten oder
1 1/2 Zitronen
5–6 Stängel Basilikum (am besten
die kleinblättrigen Sorten)
1 kg Gelier Zucker 1plus1

Zubereitung: 1 Std.
Kühlzeit: 2 Std.
Haltbarkeit: 12 Monate

Grüne Tomatenkonfitüre

1. Tomaten waschen und klein würfeln, Stielansätze entfernen. Limetten waschen, die Schale von 1 Limette abreiben, den Saft von beiden auspressen. Tomaten mit Limettenschale und -saft zugedeckt bei schwacher Hitze 10–15 Min. dünsten, vom Herd nehmen und abkühlen lassen. Basilikum waschen, trockenschütteln und Blätter abzupfen.

2. Tomaten mit Gelierzucker in einem sehr großen Topf bei starker Hitze unter Rühren zum Kochen bringen, bis alles kräftig sprudelt. 4 Min. sprudelnd kochen lassen, dabei nicht aufhören zu rühren.

3. Den Topf vom Herd nehmen, das Basilikum unterrühren. Twist-off-Gläser mit der heißen Masse randvoll füllen und sofort verschließen.

Tipps

Wenn der Frost zu früh kommt, müssen Tomaten oft grün geerntet werden. Mit diesem Rezept lassen sie sich sinnvoll verarbeiten. Grüne Tomaten enthalten das giftige Alkaloid Solanin, das aber durch Hitze zerstört wird. Auch lecker: Chutneys aus grünen Tomaten (das Rezept von Seite 84 lässt sich entsprechend variieren).

Für ca. 500 g
200 g Heidelbeeren
1/2 Zimtstange
4 cl Aprikosengeist
50 g Butter
3 Eier
100 g brauner Zucker
2 EL Zitronensaft

Zubereitung: 30 Min.
Haltbarkeit: 2 Wochen im Kühlschrank

Heidelbeercreme

1. Heidelbeeren, Zimt und Aprikosengeist in einem kleinen Topf zugedeckt bei schwacher Hitze 10 Min. dünsten, bis die Beeren weich sind. Die Beeren durch ein Sieb in eine Metallschüssel streichen. Die Butter in kleine Würfel schneiden, die Eier aufschlagen und leicht verquirlen.

2. Butter, Eier und Zucker mit den Beeren verrühren, 2 El Zitronensaft zugeben und unter ständigem Rühren über einem kochenden Wasserbad erhitzen, bis die Creme beginnt, sämig zu werden. Vom Herd nehmen, durch ein feines Sieb streichen und in kleine, sterilisierte Gläser füllen (s. Seite 134). Abkühlen lassen und im Kühlschrank lagern.

Gute Begleiter
Schlagen Sie 1–2 EL Blueberry-Curd unter die Sauce zu einem Rehbraten oder Ragout – das gibt der Sauce eine leichte Bindung und das süß-herbe Heidelbeer-Aroma.

Für ca. 700 ml
5-6 unbehandelte Zitronen
125 g Butter
2 Eier
3 Eigelbe
150 g Zucker

Zubereitung: 30 Min.
Haltbarkeit: 4–6 Wochen im Kühlschrank

Lemon-Curd

1. 1 Zitrone waschen, die Schale abreiben, alle Zitronen auspressen. 1/4 l Saft abmessen. Die Butter in kleine Würfel schneiden.

2. Alle Zutaten in einer Metallschüssel mischen und unter ständigem Rühren über einem kochenden Wasserbad erhitzen, bis die Sauce beginnt, sämig zu werden. Das dauert 6–9 Min. Creme vom Herd nehmen, durch ein feines Sieb streichen und in kleine sterilisierte Gläser füllen (s. Seite 134). Abkühlen lassen und im Kühlschrank lagern.

Gute Begleiter
Meist werden Curds als Brotaufstrich verwendet, Sie können die Creme aber auch unter Rühren leicht erwärmen und als Sauce für Milchreis, Buchteln oder andere Nachspeisen verwenden.

Tipp

Eiercremes mit Butter und Früchten, v.a. Zitrusfrüchten sind eine angelsächsische Spezialität. Durch den Butter- und Eieranteil sind sie sehr cremig, aber nur begrenzt haltbar und gehören in den Kühlschrank.
Sie können statt Zitronensaft auch dieselbe Menge anderen Zitrussaft verwenden.

Pflaumenmus – Powidl

Für ca. 900 ml
2 1/2 kg Zwetschgen oder Pflaumen
500 g Einmachzucker oder Krümel-
kandis
2 Zimtstangen
4–5 EL Rum

Zubereitung: 30 Min.
Ruhezeit: mindestens 3 Std.
Garzeiten: 6 1/2 Std.
Haltbarkeit: 24 Monate

1. Zwetschgen waschen, halbieren und entsteinen. Mit dem Zucker mischen und 3 Std. stehen lassen. Zwetschgen zum Kochen bringen und bei schwacher Hitze zugedeckt 30 Min. kochen, bis sie zerfallen, dabei häufig umrühren. Etwas abkühlen lassen und durch ein Sieb streichen.

2. Backofen auf 140° Umluft schalten. Das Püree mit den Zimtstangen in eine große ofenfeste Form oder einen flachen Topf füllen und im Ofen (Mitte) in 6 Std. dick einkochen, ab und zu umrühren.

3. Zimt entfernen, das Mus in Twist-off-Gläser füllen, je 1 EL Rum obenauf geben und sofort verschließen.

Tipp

Powidl stammt aus der böhmischen Küche. Manchmal wird es zusätzlich mit Ingwer, Piment und Zitrone aromatisiert. Es gibt auch Rezepte, bei denen Dörrpflaumen eingeweicht und mit dem Einweichwasser wie frische Pflaumen eingekocht werden.

Quittenkäse

Für 1 Backblech
2 unbehandelte Zitronen
1,4 ml Cidre oder Apfelsaft
1 kg Quitten
500 g Einmachzucker
1 EL Öl
Zucker zum Wälzen

Zubereitung: 1 1/2 Std.
Zeit zum Trocknen: 12 Std.
Haltbarkeit: 12 Monate

Gute Begleiter
Quittenkäse gehört unbedingt zu Weihnachten. Die zwei Monate zwischen der Quittenernte und Weihnachten sind die ideale Reifezeit.

1. Zitronen waschen, die Schalen dünn abschälen. Den Saft auspressen, mit dem Cidre in einen Topf geben. Quitten mit einem Tuch abreiben und waschen, Stiele und Blüten entfernen, Quitten mit Schalen und Kerngehäusen in Würfel schneiden. Die Früchte in den Topf geben und in 45 Min. weich kochen.

2. Quitten abgießen, den Saft auffangen und zu Quittengelee verarbeiten (siehe S. 26) oder mit 200 g Zucker aufkochen und als Trink-Saft abfüllen. Die gekochten Quitten mit einer »Flotten Lotte« passieren. Quittenmus abwiegen (es sind ca. 1 kg) und mit 500 g Zucker in einen Topf geben. Bei mittlerer Hitze unter ständigem Rühren in 30–40 Min. bis zur Konsistenz eines dicken Apfelmuses einkochen. Vorsicht, es spritzt! Wenn Sie die Quittenpaste jetzt in Gläser füllen, gibt das einen sehr aromatischen Brotaufstrich.

3. Ein Backblech mit Alufolie auslegen, leicht ölen. Die Quittenpaste ca. 1 cm dick aufstreichen und im Backofen bei 75° (Umluft) in 7–8 Std. durchtrocknen lassen. Dabei nach 6 Std. umdrehen. Noch mindestens 4 Std. im ausgeschalteten Ofen abkühlen lassen.

4. Quittenkäse auf ein Brett stürzen, die Folie abziehen. Quittenkäse in Rauten schneiden, in Zucker wälzen und auf Wachspapier in luftdichte Behälter schichten.

Tipp

Sie können die Paste auch an einem warmen Ort in der Küche einige Wochen lang zugedeckt trocknen lassen.

Für ca. 800 ml
800 g aromatische Äpfel
(z.B. Boskop)
400 g Brombeeren
4 Orangen, 4 Zitronen
1/4 l Cranberrysaft oder Cidre
1 TL Wacholderbeeren
500 g Gelier Zucker 3plus1

Zubereitung: 45 Min.
Kühlzeit: 2 Std.
Haltbarkeit: 12 Monate

Apfelpaste mit Brombeeren

1. Äpfel waschen und mit Schale und Kerngehäusen grob zerkleinern. Brombeeren waschen, gut abtropfen lassen und entkelchen. Zitrusfrüchte auspressen oder – besser, aber aufwändiger – mit einem scharfen Messer schälen. Dann die Filets mit herauslösen, den restlichen Saft mit der Hand auspressen. Früchte und Fruchtsäfte mit Cranberrysaft und Wacholderbeeren in einen Topf geben und 30 Min kochen, bis die Früchte weich sind. Mit dem Sud passieren, das geht am besten mit einer »Flotten Lotte«. Das Püree vollständig abkühlen lassen.

2. Fruchtpüree und Gelierzucker mischen, in einem großen Topf bei starker Hitze unter Rühren zum Kochen bringen, bis alles kräftig sprudelt. 4 Min. sprudelnd kochen lassen, dabei nicht aufhören zu rühren.

3. Twist-off-Gläser mit der heißen Masse randvoll füllen und sofort verschließen.

Gute Begleiter
»Blackberry-Apple-Butter« passt besonders gut zu kaltem Schweinebraten.

Tipp

Angelsächsische Fruchtpasten werden vorbereitet wie Gelee, dann aber püriert und gekocht wie Konfitüre. Auf Englisch heißen diese Pasten Butter, in diesem Fall also »Blackberry-Apple-Butter«.

Für ca. 400 ml
200 g reife Feigen
300 g reife Birnen
100 ml Portwein oder Orangensaft
3 EL Zitronensaft
400 g Einmachzucker
1 Pck. Vanillezucker

Zubereitung: 45 Min.
Haltbarkeit: 12 Monate

Feigenpaste

1. Die Früchte waschen und ohne Stiele vierteln. Birnen schälen, vierteln und putzen, das Fruchtfleisch grob zerkleinern. Feigen und Birnen mit Portwein und Zitronensaft in einen kleinen Topf geben und bei schwacher Hitze zugedeckt 20 Min. kochen, bis die Früchte weich sind. Mit der Kochflüssigkeit passieren.

2. Fruchtpüree, Zucker und Vanillezucker mischen, in einem mittelgroßen Topf unter Rühren zum Kochen bringen, bei mittlerer Hitze unter ständigem Rühren bis zur Konsistenz eines dicken Apfelmuses einkochen, das dauert ca. 15 Min.

3. Twist-off-Gläser mit der heißen Masse randvoll füllen und sofort verschließen.

Gute Begleiter
Feigenpaste passt besonders gut zu Käse.

Tipp

Wenn Sie keine wirklich reifen Früchte bekommen, benötigen Sie eventuell etwas mehr Saft zum Garen.

Birnendicksaft

Für 100–200 ml (je nach Zuckergehalt der Birnen)
2 kg sehr süße, aromatische Birnen
1 Zitrone

Zubereitung: 10 Min.
Garzeit: 2 Std.
Haltbarkeit: 12 Monate

1. Die Birnen waschen und grob zerkleinern, mit dem Zitronensaft mischen. Die Birnen in einem Topf mit 1 1/2 l Wasser oder in einem Dampfentsafter entsaften (s. Seite 20).

2. Den Saft (ca. 1 l) in einen Topf gießen und offen bei mittlerer Hitze sirupartig einkochen lassen. Mindestens vier Fünftel der Flüssigkeitsmenge sollen dabei verdunsten. Den Dicksaft in kleine sterilisierte Twist-off-Gläser oder Flaschen füllen (s. Seite 134). Angebrochene Gläser im Kühlschrank lagern.

Gute Begleiter
Dicksäfte werden, ähnlich wie Honig oder Ahornsirup, vor allem in der Vollwertküche zum Süßen verwendet.

Tipp

Sie können auch andere Fruchtsäfte auf diese Weise einkochen, wenn Sie große Erntemengen verwerten wollen.
Um einen süßen und aromatischen Dicksaft zu kochen, ist es besonders wichtig, dass die Früchte vollreif sind und einen hohen Fruchtzucker-Gehalt haben. Bei den meisten geeigneten Früchten (wie Birnen, Äpfeln oder Aprikosen) sind daher die späten Sorten am besten – bei unseren ersten Versuchen mit Frühbirnen war das Ergebnis nicht so umwerfend.

Ahorn-Butter

Für ca. 450 ml
300 ml Ahornsirup
200 g sehr frische Butter

Zubereitung: 20 Min.
Haltbarkeit: 2 Wochen

1. Den Ahornsirup in einem kleinen Topf bei mittlerer Hitze 5 Min. kochen.

2. Den Topf vom Herd nehmen, die Butter in Würfel schneiden und im Sirup schmelzen.

3. Den Topf in eine große Schüssel mit kaltem Wasser stellen, die Ahorn-Butter mit dem Handrührgerät in 5–8 Min. dick und cremig schlagen.

4. Die Ahorn-Butter in ein sauberes Gefäß füllen, verschließen und im Kühlschrank aufbewahren.

Tipp

Ahornsirup können Sie nicht selber herstellen, er wird importiert, zum größten Teil aus Kanada. Hergestellt wird er ähnlich wie Dicksaft: Durch Anbohren des Ahorn-Stammes kann ein Teil des Pflanzensaftes entnommen werden, ohne dem Baum bedeutenden Schaden zuzufügen. Dieser Saft wird traditionell durch Kochen über einem Holzfeuer eingedickt, bis der Sirup einen Zuckergehalt von etwa 60 % hat. Dabei karamellisiert er ein wenig, wodurch auch der charakteristische Geschmack entsteht.

Süßes für die Seele

Kompotte, Röster und Sirups

Früchte im Glas taugen ohne weitere Zutat als Nachspeise und sind völlig unverzichtbar, um die Produkte österreichischer Mehlspeis'-Fantasien zu begleiten. Besonders gerne kochen wir Sirups wie Holunderblüten- oder Orangensirup. Nicht nur, weil wir die hübschen Flaschen so gerne verschenken, sondern auch, weil wir ganz einfach neue Getränke damit mixen können.

Für ca. 800 ml
1 kg Süßkirschen
1 unbehandelte Orange
1 Vanilleschote
125 ml Rotwein oder roter Portwein
250 g brauner Zucker
1 Zimtstange
6 cl Kirschwasser

Zubereitung: 30 Min.
Garzeit: 20 Min.
Haltbarkeit: 1 bzw. 12 Monate

Varianten

Für Kinder den Wein durch Wasser ersetzen und das Kirschwasser weglassen.
Sie können auch mehr Kirschwasser verwenden – das Ergebnis ist nicht unbedingt geeignet fürs Frühstücksmüsli, schmeckt aber sehr, sehr gut!

Kirschröster

1. Kirschen waschen, abtropfen lassen und entsteinen. Orange waschen, die Schale abreiben, den Saft auspressen. Vanilleschote längs halbieren, das Mark mit einem Messerrücken herausschaben.

2. Wein, Orangensaft und Zucker zum Kochen bringen. Kirschen mit Orangenschale, Zimt, Vanillemark und -schote in den Sirup geben und bei schwacher Hitze 15 Min. dünsten, bis die Kirschen beginnen zu zerfallen.

3. Etwa ein Drittel der Kirschen aus dem Topf nehmen und im Mixer pürieren, zurückgeben und alles noch einmal aufkochen lassen. Vom Herd nehmen, das Kirschwasser unterrühren und den Kirschröster sofort in sterilisierte Twist-off-Gläser füllen (s. Seite 134).

Gute Begleiter

Österreichische Mehlspeisen – Kaiser- oder Semmelschmarren, Topfenknödel, Salzburger Nockerln, Rahmdalken (s. rechts) …

Rahmdalken

Backofen auf 200° vorheizen (Umluft 180°). 3 Eigelbe mit 125 g saurer Sahne, 100 g Mehl, Mark von 1 Vanilleschote, etwas Zitronenschale und 1 Prise Salz verrühren. 3 Eiweiße mit 3 EL Zucker steif schlagen. Beide Massen vorsichtig mischen. In einer ofenfesten, beschichteten Pfanne etwas Butter erhitzen, je 1 EL Teig wie Kartoffelpuffer nebeneinander setzen und im Ofen 5 Min. backen. Dalken wenden und in 2 Min. fertig backen.

Tipp

Röster sind österreichische Spezialitäten, in der Konsistenz zwischen Kompott (Fruchtstücke in klarer Flüssigkeit) und Mus. Die Früchte werden entweder gekocht, bis sie beginnen zu zerfallen oder teilweise püriert. Aufgrund des geringen Zuckergehaltes halten Röster nicht unbegrenzt, Sie können sie aber in Einmachgläser füllen und diese im Wasserbad in 20 Min. sterilisieren (s. unten).

Sterilisieren im Backofen – genau erklärt

Bei Eingemachtem mit geringem Zucker- oder Säuregehalt müssen die gefüllten Gläser sterilisiert werden, entweder im Einkochtopf (s. Seite 110) oder im Ofen. Den Röster in gleich große Gläser mit Gummiringen (Gläser mit Schraubdeckel sind für den Ofen nicht geeignet, s. auch Seite 134) bis 2 cm unter dem Rand füllen. Ein Küchentuch in die Fettpfanne des Backofens oder in einen großen Bräter legen, die Gläser hineinsetzen. Die Fettpfanne zur Hälfte mit Wasser füllen – für heiße Gläser mit heißem Wasser, für kalte Gläser mit kaltem. Eventuell die Gläser mit feuchtem Zeitungspapier bedecken, damit die Gummiringe nicht überhitzt werden. Den Backofen auf 160° Umluft stellen. Die Einkochzeit beginnt, sobald im Glas Perlen aufsteigen.
Die Gläser mit Handschuhen aus dem Ofen nehmen, auf ein Tuch stellen und auskühlen lassen. Kontrollieren, ob alle Deckel gut schließen, offene Gläser kühl stellen und schnell verbrauchen.

Portwein-Birnen

Für 4 Einmachgläser à 1/2 l
1 1/2 kg kleine, feste Birnen
1 Gewürznelke pro Birne
1 unbehandelte Zitrone
1 TL Pimentkörner
1 Zimtstange, 2 Muskatblüten
350 g Krümel Kandis
700 ml roter Portwein (oder fruchtiger Rotwein,
z.B. Barbera oder Beaujolais)

Zubereitung: 20 Min.
Einkochzeit: 1 Std.
Ruhezeit: 1 Woche
Haltbarkeit: 12 Monate

1. Birnen schälen, Stiele dranlassen, Blütenansätze herausschneiden und durch Nelken ersetzen. Birnen eng in die Gläser schichten.

2. Zitrone waschen, dünn abschälen und auspressen. Mit Gewürzen, Zucker und Portwein aufkochen lassen. Den Sirup über den Birnen verteilen. Die Birnen müssen ganz bedeckt, die Gläser bis 2 cm unter den Rand gefüllt sein.

3. Die Gläser in die Fettpfanne des Backofens stellen, die Fettpfanne halb mit heißem Wasser füllen. Birnen im Backofen bei 160° Umluft 1 Std. einkochen (s. Seite 40). Birnen einige Tage ziehen lassen, kühl und dunkel aufbewahren.

Pfirsiche mit Kaffeebohnen

Für ca. 800 ml
1 kg reife Pfirsiche, 1 Vanilleschote, 4 EL Zitronensaft
2 EL Kaffeebohnen, 500 g Einmachzucker
8–12 Weinblätter (falls vorhanden)

Zubereitung: 25 Min.
Ruhezeit: mindestens 12 Std.
Haltbarkeit: 12 Monate

1. Pfirsiche kreuzweise einritzen, 30–60 Sek. (je nach Reife) in kochendes Wasser tauchen, bis sich die Haut leicht löst. Pfirsiche kalt abschrecken, schälen, halbieren und in große Spalten schneiden. Vanilleschote längs halbieren, das Mark herausschaben. Die Pfirsiche mit Vanillemark und -schote, Zitronensaft, Kaffeebohnen und Zucker mischen, zugedeckt über Nacht stehen lassen.

2. Die Pfirsiche bei mittlerer Hitze zum Kochen bringen, bei schwacher Hitze 2 Min. kochen lassen (nicht ganz reife Pfirsiche etwas länger). Pfirsiche mit einem Schaumlöffel aus dem Sirup nehmen und in sterilisierte Twist-off-Gläser (s. Seite 134) füllen. Die Weinblätter waschen, trockenschütteln und auf die Pfirsiche legen. (Die Gerbsäure der Blätter unterstützt das Konservieren.)

3. Den Sirup bei starker Hitze um ein Viertel einkochen lassen, über die Früchte verteilen, die Gläser verschließen und abkühlen lassen.

Kürbis in Ingwer-sirup

Für ca. 1 l
**1 kg junger Kürbis mit festem Fleisch
(z.B. Hokkaidokürbis)
2 Limetten oder unbehandelte Zitronen
60 g frischer Ingwer, 500 g Einmachzucker**

Zubereitung: 20 Min.
Garzeiten: 1 Std.
Haltbarkeit: 12 Monate

1. Den Kürbis entkernen, das Fruchtfleisch mit der Schale in 1 cm dicke Scheiben schneiden. Ältere Kürbisse schälen. Limetten waschen, die Schalen dünn abschälen, den Saft auspressen. Ingwer schälen und in Scheiben schneiden.

2. Alle Zutaten mit Zucker und 1/2 l Wasser zum Kochen bringen. Kürbis bei ganz schwacher Hitze 30–40 Min. kochen, bis die Stücke glasig sind und beginnen zu zerfallen. Kürbis mit einem Schaumlöffel aus dem Sirup heben und in Twist-off-Gläser verteilen.

3. Den Ingwersirup bei starker Hitze um ein Viertel einkochen lassen und auf die Gläser verteilen. Sofort verschließen, kühl und dunkel lagern.

Gute Begleiter
Zu Wildgerichten oder, fein geschnitten, mit Eiscreme.

Pflaumenröster

Für ca. 800 ml
**1 kg Pflaumen (am schönsten sind Renekloden)
1 Bio-Limette oder Zitrone
200 g Einmachzucker, 3 Anissterne
200 ml Weißwein (z.B. gelber Muskateller oder Gewürz-traminer aus Österreich; ersatzweise Wasser)**

Zubereitung: 50 Min.
Haltbarkeit: 1 bzw. 12 Monate

1. Pflaumen waschen, halbieren und entsteinen. Limette waschen und in Scheiben schneiden.

2. Limettenscheiben mit Zucker, Anis und Wein auf-kochen lassen. Pflaumen zugeben und bei mittlerer Hitze 15 Min. kochen, bis die Früchte beginnen zu zer-fallen.

3. Fertigen Röster heiß in sterilisierte Twist-off-Gläser (s. Seite 134) füllen und verschließen. Kühl gelagert hält das Kompott einige Wochen, für längere Haltbarkeit können Sie den Inhalt auch sterilisieren (s. Seite 40).

Für ca. 1 l
1 kg roter Rhabarber
1 Vanilleschote
1 cm Ingwerwurzel (nach Belieben)
1 Zimtstange
2 frische Lorbeerblätter
300 g Einmachzucker

Zubereitung: 30 Min.
Haltbarkeit: 12 Monate

Rhabarberkompott aus dem Ofen

1. Backofen auf 200° vorheizen (Umluft 180°). Rhabarber nur falls nötig schälen, in 2–3 cm große Stücke schneiden. Die Stücke nebeneinander in eine große ofenfeste Form oder ein tiefes Backblech legen.

2. Vanilleschote längs halbieren, das Mark herausschaben. Ingwer schälen und in Scheiben schneiden. Zimt, Ingwer, Lorbeer, Vanillemark und -schote mit Zucker und 150 ml Wasser aufkochen lassen, bis sich der Zucker vollständig gelöst hat. Sirup über den Rhabarber gießen, mit Alufolie abdecken und 15–20 Min. im Ofen garen. Der Rhabarber soll weich sein, aber nicht zerfallen.

3. Den Rhabarber vorsichtig aus dem Sud nehmen und in sterilisierte Twist-off-Gläser füllen (s. Seite 134). Sud in einem kleinen Topf kurz aufkochen lassen, in die Gläser füllen und sofort verschließen.

Für ca. 1/2 l
500 g Kumquats
6–8 Kardamomkapseln
150 g brauner Zucker
10 cl Whisky oder Rum

Zubereitung: 30 Min.
Ruhezeit: 1 Woche
Haltbarkeit: 12 Monate

Kumquats mit Whisky

1. Kumquats waschen, halbieren und entkernen (am besten mit einer Pinzette). 150 ml Wasser zum Kochen bringen. Kardamom leicht quetschen und mit den Kumquats in den Topf geben. 10–12 Min. bei schwacher Hitze kochen, bis die Kumquatschalen weich sind. Den Zucker zugeben, bei schwacher Hitze kochen, bis sich der Zucker vollständig aufgelöst hat.

2. Den Topf vom Herd nehmen, die Kumquats mit einem Schaumlöffel aus dem Sirup heben und in sterilisierte Twist-off-Gläser verteilen (s. Seite 134). Den Whisky in die Gläser gießen, den Sirup aufkochen lassen und über die Früchte gießen. Sofort verschließen und mindestens 1 Woche ziehen lassen.

Gute Begleiter
Ausgezeichnet zu Milchreis oder griechischem Joghurt, aber auch zu warmen Desserts mit Schokolade wie Mohr im Hemd.

Variante

Sie können auch Limquats (eine Kreuzung zwischen Kumquat und Limette) verwenden; sie enthalten deutlich mehr Bitterstoffe und müssen etwas länger garen. Beide Früchte sollten Sie weich kochen, bevor Sie den Zucker zugeben, sonst werden die Schalen schlecht weich.

Für ca. 2 l
1 unbehandelte Orange
2 unbehandelte Zitronen
1 kg kleine Birnen (z.B. Spadone,
kleine italienische Frühbirnen)
150 g Einmachzucker
1 Zimtstange

Zubereitung: 30 Min.
Haltbarkeit: 12 Monate

Karamellbirnen

1. Orange und Zitronen waschen. Die Schale der Orange dünn in langen Streifen abschälen, den Saft auspressen. Zitronen in Scheiben schneiden. Birnen schälen, halbieren und entkernen. Alle Früchte in einer Schüssel mischen.

2. Den Zucker in einem mittelgroßen Topf mit 3 EL Wasser zum Kochen bringen, kochen lassen, bis der Zucker goldbraun karamellisiert. 1/2 l Wasser und den Orangensaft zugeben – Vorsicht, Spritzgefahr!

3. Sobald sich der Zucker weitgehend gelöst hat, Birnen, Orangenschalen, Zitronen und Zimt zugeben und die Birnen je nach Reifegrad in 4–8 Min. bissfest kochen – nicht zu weich, die Birnen garen im Glas noch weiter.

4. Die Früchte mit einem Schaumlöffel aus dem Sud heben und in sterilisierte Twist-off-Gläser füllen (s. Seite 134), den Sud aufkochen lassen, über die Birnen gießen. Gläser sofort verschließen.

Gute Begleiter
Servieren Sie die Birnen als Dessert: Dazu den Sud aus dem Glas sirupartig einkochen und heiß über die Birnen geben. Dazu passt natürlich auch Eis.

Varianten

Birnen mögen weihnachtliche Gewürze! Probieren Sie auch Vanille, Sternanis, Lebkuchengewürz, Nelken, Ingwer oder Piment.

Für ca. 1 l
1 kg aromatische Äpfel (z.B. Elstar,
Berlepsch)
2 EL Zitronensaft
3 EL getrocknete Aprikosen oder
Rosinen
1 Päckchen Vanillezucker
1 Zimtstange
3 EL Fruchtzucker oder Einmach-
zucker

Zubereitung: 30 Min.
Haltbarkeit: 4 Wochen

Apfelkompott

1. Äpfel waschen, schälen, entkernen und in dicke Scheiben schneiden. Mit dem Zitronensaft in einen Topf geben. Die Aprikosen in Streifen schneiden und mit Vanille, Zimt und Fruchtzucker zu den Äpfeln geben.

2. 10 Min. zugedeckt stehen lassen, dann bei schwacher Hitze zugedeckt 10–15 Min. dünsten, bis die Äpfel beginnen zu zerfallen. In sterilisierte Twist-off-Gläser füllen (s. Seite 134) und sofort verschließen.

Tipp

Mit Babys und Kleinkindern in der Familie lohnt es sich, Apfel- oder andere Fruchtkompotts mit sehr wenig oder ganz ohne Zucker zu kochen und heiß in Gläser zu füllen. So können Sie jeweils den Bedarf für einige Wochen vorbereiten.

Für ca. 1 l
2 kg unbehandelte Zitronen
650 g Einmachzucker
1/2 Bund Basilikum

Zubereitung: 30 Min.
Haltbarkeit: 12 Monate

Zitronensirup

1. Die Zitronen waschen, die Schale von 3–4 Zitronen dünn abschälen. Den Saft von allen Zitronen auspressen, insgesamt soll es genauso viel Saft wie Zucker sein (ca. 650 ml).

2. Zitronensaft, Zitronenschalen und Zucker 5 Min. kochen lassen. Basilikum waschen, in den kochenden Sirup geben und kurz ziehen lassen. Sirup durch ein Sieb gießen und in sterilisierte Flaschen oder Gläser füllen.

Gute Begleiter
Zitronensirup können Sie mit Mineralwasser als Limonade trinken. Oder 1–2 TL in ein Glas Weißwein geben für einen sommerlichen Aperitif. Einige Tropfen Zitronensirup geben sogar der Salatsauce einen besonderen Kick.

Tipp

Einige Zitronenschalen können Sie mit in die Flaschen geben – das sieht gut aus, und der Sirup wird dadurch noch etwas aromatischer.

Für ca. 1 l
3–5 Vanilleschoten
1 kg unbehandelte Orangen
100 ml Zitronensaft
1 TL Lavendelblüten (nach Geschmack)
600 g Einmachzucker
100 ml Orangenlikör (nach Geschmack)

Zubereitung: 30 Min.
Haltbarkeit: 12 Monate

Orangensirup mit Vanille

1. Vanilleschoten längs halbieren, das Mark herauskratzen. 2–3 Orangen waschen und dünn schälen, alle Orangen auspressen, 600 ml Saft abmessen.

2. Vanillemark und -schoten mit Orangensaft und -schalen, Zitronensaft, Lavendelblüten und Zucker in einen Topf geben. Zum Kochen bringen, 5 Min. bei schwacher Hitze kochen lassen und durch ein Sieb gießen. Orangenlikör in den Sirup gießen und noch einmal kurz aufkochen lassen.

3. Die Vanillestangen in sterilisierte Flaschen oder Gläser stecken, mit dem heißen Sirup füllen und verschließen. Kühl und dunkel lagern.

Gute Begleiter
Mit diesem Sirup können Sie sehr gut Erdbeeren oder andere Früchte marinieren. Oder Sie trinken ihn mit Wasser und Eis – mit oder ohne Rum.

Tipp

Vanilleschoten sind toll, aber teuer – Sie können die Schoten durch 5 Päckchen echten Vanillezucker ersetzen.

Für ca. 1 l
3 Bio-Zitronen
10–12 Holunderblütendolden
600 ml Weißwein
600 g Einmachzucker

Zubereitung: 30 Min.
Ruhezeit: 2–4 Tage
Haltbarkeit: 12 Monate

Tipp

Der Geschmack liegt im Blüten-staub: Die Holunderblüten sollen gerade eben aufgeblüht sein, so dass sich schon genügend Blüten-staub gebildet hat, er aber noch nicht davongeweht wurde.

Holunderblüten-Sirup

1. Zitronen waschen und in dünne Scheiben schneiden. Die Holun-derdolden in eine Schüssel legen, mit den Zitronen belegen. Die Zitronen-scheiben leicht drücken, damit etwas Saft herausläuft. Mit Wein begießen und zugedeckt an einem nicht zu war-men, dunklen Platz 2 Tage (oder 4 Ta-ge im Kühlschrank) ziehen lassen.

2. Den aromatisierten Wein durch ein Sieb in einen Topf gießen und mit 600 g Zucker einmal kräftig durchkochen, in sterilisierte Flaschen füllen (s. Seite 134) und verschließen.

Gute Begleiter
Der Holdirinha, unser Lieblingssom-merdrink: 2 Zitronenachtel in einem großen Glas mit 3 EL Holunderblüten-sirup und 1 Minzezweig zerdrücken. Das Glas mit (zerstoßenem) Eis füllen, einmal umrühren und mit Prosecco oder Mineralwasser aufgießen.

Variante

Ohne Alkohol
Weißwein durch Wasser ersetzen, 4 Zitronen verwenden, davon 2 auspressen und 2 in dünne Scheiben schneiden.

Für ca. 1 l
100 g Ingwer
7 unbehandelte Limetten
3 Bund Minze
400 g Krümelkandis oder brauner Zucker
4 EL Earl-Grey-Teeblätter
1 Teeei

Zubereitung: 20 Min.
Haltbarkeit: 4–6 Monate

Eistee-Sirup

1. Ingwer, 4 Limetten und Minze waschen. Ingwer und Limetten in dünne Scheiben schneiden. Den Saft der restlichen Limetten auspressen.

2. Limetten, Limettensaft und Ing-wer mit 700 ml Wasser und dem Kandis zum Kochen bringen. Die Tee-blätter in einem Teeei und die Minze-zweige zugeben und bei schwacher Hitze 5–7 Min. ziehen lassen.

3. Den Eisteesirup durch ein Sieb gießen und in sterilisierte Fla-schen oder Gläser (s. Seite 134) füllen.

Gute Begleiter
Ein Long-Drink-Glas mit Eis füllen, 1 kräftigen Schuss Eistee-Sirup hinein-geben und mit Wasser auffüllen. 1 Schluck Cachaça oder weißer Rum kann nicht schaden.

Varianten

Sie können den Sirup auch mit grünem Tee herstellen. Diesen mit abgekochtem, ca. 70° heißem Was-ser aufgießen und nach Packungs-angabe ziehen lassen.
Ein fruchtiges Aroma bringt aro-matisierter schwarzer Tee.

Für ca. 800 ml
700 g schwarze Johannisbeeren
Johannisbeerblätter (falls
vorhanden)
2 cm Ingwerwurzel
1–2 Anissterne
500 g Einmachzucker
700 ml Wodka (oder ein anderer
neutraler Schnaps)

Zubereitung: 30 Min.
Ruhezeit: 2 x 12 Std.
Zeit zum Durchziehen: 10 Tage
Haltbarkeit: 12 Monate

Johannisbeerlikör

1. Johannisbeeren und -blätter gut waschen und abtropfen lassen. Ingwer in Scheiben schneiden. Alles mit Anis und Zucker mischen und umrühren, damit sich der Zucker gut löst. Dabei die Beeren leicht zerdrücken. Johannisbeeren über Nacht stehen lassen.

2. Den Alkohol zu den Beeren gießen, umrühren und 9–10 Tage kühl und dunkel ziehen lassen.

3. Ein großes Nudelsieb mit einem feuchten Geschirrtuch auslegen und auf einen großen Topf oder eine Schüssel stellen. Die Beeren hineingießen und den Likör ablaufen lassen (am besten über Nacht). In sterilisierte Flaschen (s. Seite 134) füllen.

Gute Begleiter
Für einen Kir 1 EL Likör in 1 Glas Weißwein geben, für einen Kir Royal in ein Glas Champagner.

Tipp

Der Vorläufer des Johannisbeerlikörs Crème de Cassis hieß »Ratafia de Cassis« und war ein hausgemachtes Gebräu aus den schwarzen Beeren, Zucker und Obstbränden – wie unser Rezept. Er wurde vor allem benutzt, um säuerliche Weißweine zu aromatisieren. Nach dem Zweiten Weltkrieg erinnerte sich der Bürgermeister von Dijon, Félix Kir, an die alte Tradition des »Vin-blanc-Cassis« und begann die Mischung bei allen offiziellen Empfängen der Stadt auszuschenken. Das erwies sich als eine glänzende Marketing-Idee. Daher wurde der beliebte Aperitif schließlich auch nach dem Bürgermeister »Kir« genannt.

Für ca. 3/4 l
500 g rote Johannisbeeren
500 g schwarze Johannisbeeren
1 Zimtstange
300 g Einmachzucker

Zubereitung: 30 Min.
Zeit zum Entsaften: 12 Std.
Haltbarkeit: 12 Monate

Johannisbeer-Sirup

1. Die Johannisbeeren waschen, gut abtropfen lassen und von den Rispen zupfen. Die Beeren mit 1/4 l Wasser in einen Topf geben, zugedeckt aufkochen lassen, dann den Deckel abnehmen. Die Zimtstange zerbrechen, dazugeben und alles 15 Min. kochen, bis die Beeren aufgeplatzt sind.

2. Ein großes Nudelsieb mit einem feuchten Küchentuch auslegen, auf einen großen Topf stellen und Saft und Beeren hineingießen. Den Saft langsam (am besten über Nacht) ablaufen lassen.

3. Den Saft mit dem Zucker noch einmal kräftig durchkochen, eventuell mit Johannisbeerlikör (s. oben) abschmecken und in sterilisierte Flaschen oder Gläser füllen.

Gute Begleiter
Der Sirup passt gut zu Vanilleeis und Quarkspeisen. Mit Wasser, Eis, 1 frischen Zweig Melisse oder Minze bekommen Sie einen alkoholfreien Drink.

Pikante Genüsse im Glas

Gemüse in Salz, Essig, Öl

Früher war der wichtigste Zweck des Einmachens, Früchte und Gemüse für die Wintermonate haltbar zu machen. Gartenbesitzer verwerten ihre wertvolle Ernte, indem sie Gurken einlegen oder Zwiebeln und Tomatensaucen sterilisieren. Alt überlieferten Konservierungsmethoden kommen wir besonders nahe mit selbst gesäuertem Gemüse wie Sauerkraut oder sauren Gurken.

Neben den deutschen Klassikern finden Sie hier auch die Lieblingsrezepte unserer mediterranen Nachbarn.

Für 2 Twist-off-Gläser à 1/2 l
750 g kleine Rote Bete
100 g Zwiebeln
1 aromatischer Apfel
2 unbehandelte Orangen
200 ml Rotweinessig
20 g Salz
1 EL Zucker
1 TL Pfefferkörner
1 TL Pimentkörner oder 2 Gewürz-
nelken
1/4 Zimtstange
1 Lorbeerblatt

Zubereitung: 1 1/4–1 1/2 Std.
Ruhezeit: 4 Wochen
Haltbarkeit: 12 Monate

Rote Bete aus dem Ofen

1. Den Backofen auf 180° vorheizen (Umluft 160°). Rote Bete gründlich waschen, Wurzeln und Stiele bis auf 2 cm abschneiden, einzeln in Alufolie wickeln. Auf einem Blech im Ofen in 45–60 Min. weich garen. Zur Probe mit einer Rouladennadel in die Knollen stechen.

2. Zwiebeln schälen und in Ringe schneiden. Den Apfel waschen, vierteln, putzen und in Scheiben schneiden.

3. Große Rote Bete schälen und in Scheiben schneiden, kleine ungeschält mit Äpfeln und Zwiebeln in die sterilisierten Gläser schichten. Die Orange waschen, 1 Hälfte dünn abschälen, den gesamten Saft auspressen. Saft mit Wasser auf 400 ml ergänzen und mit Essig, Salz, Zucker und Gewürzen aufkochen lassen.

4. Die Gläser mit der kochend heißen Flüssigkeit bis zum Rand füllen und sofort verschließen. 4 Wochen lang kühl und dunkel durchziehen lassen.

Varianten

Das Verhältnis zwischen Zucker, Salz, Essig und Wasser in den Rezepten sollten Sie immer beibehalten, da sich sonst die Haltbarkeit verändern könnte. Bei der Wahl von Kräutern und Gewürzen können Sie dagegen wunderbar experimentieren. Gebräuchlich sind z.B. Dill, Estragon, Minze, Rosmarin, Bohnenkraut und Senfsamen, Koriander, Kreuzkümmel, Piment, Fenchelsamen, Pfeffer, aber auch Meerrettich- oder Ingwerwurzel.

Gemüse sauer einlegen – genau erklärt

Damit sich eingelegtes Gemüse gut hält, ist es wichtig, dass der Säuregehalt des Suds mindestens 2 % beträgt. Essige haben in der Regel einen Säuregehalt zwischen 5 und 6 %, sie können also meistens etwas verdünnt werden. Zitronensaft hat sogar 10 % Säureanteil.

Damit der Säuregehalt nicht durch das im Gemüse enthaltene Wasser zu sehr sinkt, müssen viele Gemüse vor dem Einlegen entwässert werden – durch Einlegen in Salz oder Salzlake (Gürkchen, Auberginen), durch Backen im Ofen (kleine Rote Bete), durch Trocknen (grüne Mango) oder durch Kochen und Blanchieren in Salzwasser (kleine Zwiebeln, Bohnen, Kürbis).

Eine dünne Schicht Öl auf dem fertigen Gemüse sorgt für Luftabschluss – zur Sicherheit.

Rosa Rettich und Radieschen

Für ca. 1 l
400 g Radieschen (ca. 2 Bund)
500 g Eiszapfenrettiche
400 ml Weißweinessig
1/4 l trockener Weißwein (ersatzweise Wasser)
1 gehäufter EL Salz (20 g)
1 TL Zucker, 2–3 Anissterne
1 kleines Stück Zimtstange
1 TL Koriandersamen, 1 EL Senfkörner
Lorbeerblätter, 4 El Nussöl

Zubereitung: 30 Min.
Ruhezeit: mindestens 3 Tage
Haltbarkeit: 12 Monate

1. Radieschen und Rettiche putzen, dabei ca. 5 mm vom Stielansatz stehen lassen. Früchte waschen und abtropfen lassen. Große bzw. dickere längs halbieren.

2. Essig, Wein, Salz, Zucker und Gewürze aufkochen lassen. Rettiche und Radieschen dazugeben, kurz aufkochen lassen. In Twist-off-Gläser füllen, das Gemüse muss vollständig vom Sud bedeckt sein. Obendrauf einige Lorbeerblätter legen und mit einer dünnen Schicht Öl luftdicht abschließen. Die Gläser sofort verschließen und kühl und dunkel lagern.

Süß-saurer Kürbis

Für ca. 1 l
1,2 kg Kürbis mit festem Fleisch (z.B. Muskat- oder Hokkaidokürbis)
1 Stück Ingwer (5 cm)
200 ml Essig
300 g Einmachzucker
5 Sternanis
1 TL Koriandersamen

Zubereitung: 30 Min.
Ruhezeit: 1–2 Wochen
Haltbarkeit: 12 Monate

1. Den Kürbis schälen, die Kerne entfernen, das Fruchtfleisch in 2–3 cm große Stücke schneiden (ca. 600 g netto). Ingwer schälen und in sehr dünne Scheiben schneiden.

2. Essig, Zucker, Anis, Koriander und 300 ml Wasser zum Kochen bringen. Kürbis in den Sud geben, zum Kochen bringen und bei schwacher Hitze in 5–10 Min. knapp bissfest kochen. Kürbis mit einem Schaumlöffel aus dem Sud nehmen, in Twist-off-Gläser füllen.

3. Kürbissud 5 Min. einkochen lassen, die Gläser mit der heißen Flüssigkeit randvoll gießen und sofort verschließen. Kühl und dunkel 1–2 Wochen durchziehen lassen.

Essiggurken mit Meerrettich

Für ca. 1,4 l
1 kg etwa 8 cm lange Einlegegurken
150 g grobes Salz
10 Perlzwiebeln oder kleine Schalotten
2–3 cm Meerrettichwurzel, 1 Peperonischote
2–3 Dillblüten oder 5 Stängel Estragon
2 EL Senfkörner, 3–4 Lorbeerblätter
1/4 l Weißweinessig, 1–2 EL Zucker (nach Belieben)

Zubereitung: 30 Min.
Ruhezeiten: 24 Std. + 4 Wochen
Haltbarkeit: 6 Monate

1. Die Gurken waschen, abtrocknen und von allen Seiten mehrmals mit einer dicken Nadel einstechen. Die Gurken in einer Schüssel dick mit Salz bestreuen, zugedeckt 24 Std. an einem kühlen Ort stehen lassen.

2. Die Gurken abwaschen und abtrocknen. Zwiebeln und Meerrettich schälen, Meerrettich in dünne Scheiben schneiden. Peperoni waschen, in Scheiben schneiden. Dill waschen und trockenschütteln. Gurken, Kräuter und Gewürze in Twist-off-Gläser schichten.

3. Essig, 1/2 l Wasser, Zwiebeln und und Zucker 5 Min. kochen lassen, bis zum Rand in die Gläser füllen und sofort verschließen. An einem kühlen dunklen Ort mindestens 4 Wochen durchziehen lassen.

Pikante Perlzwiebeln

Für ca. 800 ml
600 g Perlzwiebeln
75 g Salz, 1/4 l Weißweinessig, 3 EL Zucker
2 Lorbeerblätter
2 El Senfkörner, 1 EL Fenchelsamen
3–4 scharfe Chilischoten

Zubereitung: 30 Min.
Ruhezeiten: 24 Std. + 3–4 Wochen
Haltbarkeit: 6–12 Monate

1. Die Zwiebeln 30 Sek. in kochendem Wasser blanchieren, abgießen und kalt abschrecken – so lassen sie sich leichter schälen. Zwiebeln schälen und mit Salz und 1 l Wasser in eine Schüssel geben. Zugedeckt 24 Std. an einem dunklen Ort stehen lassen.

2. Die Zwiebeln abgießen. Essig mit Zucker, Gewürzen, 100 ml Wasser und den Zwiebeln je nach Größe 2–5 Min kochen, Twist-off-Gläser damit randvoll füllen und sofort verschließen. Mindestens 3–4 Wochen ziehen lassen.

Varianten
Statt Chilischoten 1 TL schwarzen Pfeffer verwenden, dann sind die Zwiebeln immer noch pikant, aber nicht mehr scharf.
Genauso können Sie jungen Knoblauch einlegen. Der kann dann als besonders milder Knoblauch zum Kochen verwendet werden. Sogar roh können Sie die eingelegten Knoblauchzehen knabbern, genauso wie Perlzwiebeln.

59

Für ca. 900 ml

**500 g Austernpilze (oder Champig-
nons oder Waldpilze)**
2–3 Knoblauchzehen
1/4 l Rotweinessig
2–3 TL Salz
1 TL Kümmel oder Kreuzkümmel
1/2 TL Pfefferkörner
1 Lorbeerblatt
3–4 EL Sonnenblumenöl

Zubereitung: 30 Min.
Ruhezeit: 1 Woche
Haltbarkeit: 3–4 Monate

Austernpilze im Essigsud

1. Pilze putzen, Stiele entfernen. Knoblauch schälen und halbieren oder vierteln.

2. Essig mit 1/4 l Wasser, Salz, Gewürzen und Knoblauch aufkochen lassen, die Pilze zugeben und 10 Min. bei schwacher Hitze kochen lassen. Pilze mit dem Sud in Twist-off-Gläser füllen, mit dem Öl bedecken und sofort verschließen. 1 Woche an einem kühlen dunklen Ort durchziehen lassen.

Gute Begleiter
Pilze in einen Salat geben und den Essigsud für die Sauce verwenden: 3 EL Sud mit 1 TL Senf verrühren, 5 EL Sonnenblumenöl unterschlagen und mit frischen Kräutern verfeinern.

Tipp

Wenn die Pilze lange aufbewahrt werden sollen, muss der Essiganteil relativ hoch sein. Wenn Sie die Pilze nur 1–2 Wochen im Kühlschrank lagern, reicht es aus, 125 ml Rotweinessig mit 1/4 l Wasser zu verwenden.

Für ca. 1,7 l

**1 kg Waldpilze (z.B. Rotkappen
oder Kaiserlinge)**
2 Schalotten
5 cm Ingwer
2 Stängel Zitronengras
1 TL Wacholderbeeren
1 TL schwarze Pfefferkörner
400 ml Estragonessig
1 TL Senfkörner
4 Zweige Zitronenthymian
2 TL Salz
10 frische Lorbeerblätter
1/2 l Olivenöl

Zubereitung: 30 Min.
Marinierzeit: 12 Std.
Ruhezeit: 1 Woche
Haltbarkeit: 6 Monate

Eingelegte Waldpilze

1. Pilze putzen, die Stiele entfernen, große Pilze halbieren oder in dicke Scheiben schneiden. Schalotten und Ingwer schälen und in Scheiben schneiden. Zitronengras waschen, in Scheiben schneiden. Wacholder und Pfeffer im Mörser quetschen.

2. Essig mit 400 ml Wasser aufkochen lassen. Vorbereitete Gewürze, Senfkörner, Thymian und Salz zugeben, 5 Min. kochen lassen. Pilze dazugeben, 1 Min. kochen, vom Herd nehmen und abkühlen lassen. Die kalten Pilze zudecken und über Nacht im Kühlschrank marinieren.

3. Die Marinade abgießen, Pilze und alle Zutaten aus dem Sieb dicht in Gläser schichten. Als letzte Schicht Lorbeerblätter auf die Pilze legen, dann halten sie besser. Mit Olivenöl begießen, verschließen und kühl und dunkel aufbewahren.

Gute Begleiter
Gut als kleine Vorspeise mit etwas geröstetem Weißbrot. Sie können damit auch Salate veredeln.

Für ca. 600 ml
1 1/2 kg halbreife Mangos
1 1/2 EL Salz
1 TL Koriandersamen
1 TL Kreuzkümmel
1 TL Senfsamen
2 Knoblauchzehen
1–2 EL Chiliflocken oder Chili-
pulver
1/4 l Öl

Zubereitung: 15 Min.
Zeit zum Ziehen: 12 Std.
Trockenzeit: 1 1/4 Std.
Haltbarkeit: 12 Monate

Mango-Pickles in Öl

1. Mangos schälen, vom Stein lösen und in 1 cm dicke Spalten schneiden. Mangos in einer Schüssel mit dem Salz mischen und zugedeckt mindestens 12 Std. ziehen lassen. Die Mangos aus der Flüssigkeit nehmen, vorsichtig abspülen und abtropfen lassen. 1 1/4 Std. auf einem Gitter im Backofen bei 80° Umluft trocknen.

2. Die ganzen Gewürze in einer trockenen Pfanne einige Min. unter Rühren rösten und im Mörser oder mit einem Pürierstab fein zerkleinern (s. Seite 88 oben). Knoblauch schälen und fein schneiden.

3. Das Öl mit dem Knoblauch in einem Topf erhitzen (nur gerade eben, nicht frittieren!), bis Blasen vom Knoblauch aufsteigen. Mangos und Gewürze zugeben, erhitzen. In Twist-off-Gläser füllen und verschließen.

Gute Begleiter
Zu Geflügelgerichten oder Fischfilets kalt in kleinen Schälchen servieren. Zum Kochen werden die Mangostücke klein geschnitten oder gehackt und als Würz-Pickles verwendet. Z.B. werden aus gebratenen Hähnchenbrustfilets indische »Murgh«, wenn Sie kurz vor Ende der Garzeit ein paar Löffel gehackte Mango-Pickles mit wenig Wasser oder Brühe in die Pfanne geben.

Tipp

Im indischen Originalrezept werden viel mehr Chiliflocken zugegeben, die Pickles sind aber auch in unserer abgeschwächten Form noch ziemlich scharf. Sie können auch frische Chilis verwenden, diese werden klein geschnitten und mit dem Knoblauch kurz im Öl gegart.

Für ca. 2 l
200 g grüne Papaya oder Mango
200 g Rettich, 2 Möhren
1 Bund Frühlingszwiebeln
2–3 rote Chilischoten
2–3 Knoblauchzehen
5 cm Ingwerwurzel
200 g brauner Zucker
1/2 l Reisessig
1/2 l thailändische Fischsauce

Zubereitung: 20 Min.
Ruhezeiten: mindestens 3 Tage
Haltbarkeit: 12 Monate

Asia-Pickles

1. Papaya, Rettich und Möhren schälen und in dünne Scheiben schneiden. Frühlingszwiebeln putzen und in große Stücke schneiden. Gemüse in Twist-off-Gläser schichten.

2. Chilis in Ringe schneiden, Knoblauch und Ingwer schälen und fein hacken, mit Zucker, Essig und Fischsauce aufkochen lassen. Über das Gemüse gießen, die Gläser sofort verschließen und an einem dunklen kühlen Ort mindestens 3 Tage durchziehen lassen.

Gute Begleiter
Zu Grillgerichten; in kleinen Schälchen mit etwas Marinadeflüssigkeit als Begleiter zu vielen asiatischen Menüs, bevorzugt zu Reisgerichten.

Variante

Für **eingelegten Ingwer** für Sushi (Gari) 200 g jungen Ingwer schälen und in hauchdünne Scheiben schneiden. Ingwer kurz mit kochendem Wasser überbrühen, abtropfen lassen, mit 1 EL Salz mischen und in kleine Gläser füllen. 100 g Zucker mit 100 ml Reisessig aufkochen lassen, über den Ingwer gießen, Gläser verschließen. Den Ingwer mindestens 1 Tag ziehen lassen.

Für 4 Gläser à 1/2 l
1 EL schwarze Pfefferkörner
12 mittelgroße Bio-Zitronen
200 g Meersalz
10 frische Lorbeerblätter
6–8 EL Olivenöl

Zubereitung: 1 Std.
Ruhezeit: 12 Std.
Zeit zum Durchziehen: 1 Monat
Haltbarkeit: 12 Monate

Marokkanische Salzzitronen

1. Pfefferkörner leicht quetschen. 8 Zitronen waschen und vierteln, abwechselnd mit Salz, Lorbeerblättern und Pfeffer in die Gläser schichten – fest in das Glas drücken! 12 Std. stehen lassen, damit sich das Salz auflösen kann.

2. Restliche Zitronen auspressen, in die Gläser füllen. Als luftdichten Abschluss etwas Olivenöl darauf gießen, die Zitronen müssen vollständig bedeckt sein. Sie können auch mehr Olivenöl verwenden, das Öl wird nach einigen Wochen zu einem sehr aromatischen Zitronenöl!

3. Zitronen mindestens 3 Wochen an einem kühlen dunklen Ort durchziehen lassen, perfekt werden sie nach mehr als 6 Monaten.

Gute Begleiter
In arabischen Ländern werden eingemachte Zitronen oft wie frische Zitronen verwendet – hauchdünn geschnitten ergänzen sie v.a. Schmorgerichte wie Lammragout.
Auch eine flüssige Polenta wird, bestreut mit gehackten Salzzitronen und knusprig gerösteten Baby-Artischocken, zum Gedicht.
Wir machen aus Salzzitronen oft eine Sauce zu gekochtem oder gebratenem Spargel: 1/8 Salz-Zitrone und 3–4 Sardellenfilets fein hacken, 1/2 Fenchelknolle fein würfeln. Beides mit 2 EL Zitronensaft, etwas Salz und Pfeffer mindestens 15 Min. marinieren.
50 g geröstete Pinienkerne hacken, mit 4–5 EL Olivenöl in die Sauce geben, abschmecken.

Variante

Kumquats in Salz
250 g Kumquats waschen, halbieren und entkernen. 2 rote Peperoni waschen und in breite Ringe schneiden. Mit 100 g Meersalz, 1 TL Koriander und 3 Anissternen fest in kleine Gläser schichten. Mit dem Saft von 2 Zitronen auffüllen, mit Kaffir-Limettenblättern abdecken und mit Sonnenblumenöl bedecken. Kumquats mindestens 2–3 Wochen an einem kühlen, dunklen Ort durchziehen lassen, perfekt werden sie nach mehr als 2 Monaten.
Salz-Kumquats passen zu denselben Gerichten wie Salz-Zitronen. Probieren Sie ein Meeresfrüchte-Risotto mit ein paar Stückchen gehackten Salz-Kumquats. Auch ein einfaches, weißes Risotto mit etwas gehackter Petersilie, Kumquats und Parmesan bestreut, schmeckt hervorragend.

Sizilianische Peperoni

Für ca. 450 ml
**200 g milde rote und grüne
Peperoni
2 El Salz
1 Bund Koriandergrün oder
Petersilie
200 ml Olivenöl**

Zubereitung: 40 Min.
Haltbarkeit: 2–3 Monate

1. Peperoni waschen, in 2 mm dicke Ringe schneiden, in einer Schüssel mit dem Salz mischen und 30 Min. Wasser ziehen lassen. Den Koriander waschen, gründlich trockenschleudern, die Blättchen abzupfen und grob hacken.

2. Peperoni in einem Sieb oder mit einem Küchentuch gründlich ausdrücken. Mit den Kräutern mischen und in kleine Gläser schichten. Mit Olivenöl auffüllen, etwas rütteln, um Luftblasen zu entfernen und an einem dunklen kühlen Ort aufbewahren. Angebrochene Gläser innerhalb einiger Wochen verbrauchen, ab und zu etwas Olivenöl nachfüllen, damit Kräuter und Peperoni immer gut bedeckt sind.

Gute Begleiter
Gut zum Nachwürzen von Saucen und Suppen. Besonders gut machen sich die Peperoni zu Nudelgerichten oder in Salaten mit gekochten Gemüsen wie Bohnensalat.

Tipps

Der echte Sizilianer verwendet natürlich scharfe Peperoncini statt Peperoni! Wir finden, dass sich die Schärfe von Peperoni besser dosieren lässt.
Die Peperoni sind gut bedeckt, wenn Sie 1 Zitronen- oder Lorbeerblatt auf das Gargut im Glas klemmen. Dann das Öl darauf gießen.

Sizilianische Auberginen

Für ca. 1 l
**1 kg feste Auberginen
2 unbehandelte Zitronen
100 g grobes Salz
100 ml Weinessig
1–2 Stängel Staudensellerie
1–2 Möhren
2 Knoblauchzehen
1–3 scharfe Peperoncini
3–4 Zweige Thymian oder Oregano
700 ml Olivenöl
2 Zweige frische Lorbeerblätter**

Zubereitung: 20 Min
Marinierzeit: 24 Std.
Ruhezeit: 6 Wochen
Haltbarkeit: 6 Monate

1. Auberginen waschen, putzen, eventuell schälen, in 3–4 mm dicke Scheiben, diese in 3–4 mm breite Streifen schneiden. Zitronen waschen und in dünne Scheiben schneiden. Auberginen in einer Schüssel mit dem Salz mischen, mit Zitronenscheiben belegen, einen Teller mit einem schweren Gewicht darauf legen, so dass sie in ihrem eigenen Saft liegen. 24 Std. kühl und dunkel stellen.

2. Zitronen entfernen. Die Auberginen in einem Küchentuch auspressen, in einer Schüssel mit dem Essig mischen, kurz stehen lassen und noch einmal gründlich auspressen.

3. Inzwischen Sellerie, Möhren und Knoblauch schälen und fein schneiden, Peperoncini waschen und in Ringe schneiden. Kräuter waschen und gründlich trockenschütteln. Alles mischen und in Gläser schichten. Auberginen mit je einer Schicht Lorbeerblätter belegen und mit Öl aufgießen, etwas rütteln, damit möglichst keine Luftblasen im Gemüse bleiben. Die Lorbeerblätter eventuell mit einem flachen, sauberen Stein beschweren, das Glas verschließen und die Auberginen mindestens 6 Wochen an einem kühlen dunklen Ort durchziehen lassen.

Für ca. 800 ml
1 kg rote Zwiebeln
6 Zitronen (oder 1/4 l Zitronensaft)
1 Bio-Zitrone
3 EL grobes Salz
1 TL getrocknetes Oregano
1 TL Pimentpulver
1 TL gemahlener Kreuzkümmel
1 EL Paprikapulver
5–6 Lorbeerblätter
100 ml Olivenöl

Zubereitung: 20 Min.
Marinierzeit: 1 Std.
Haltbarkeit: 3–4 Monate

Griechische rote Zwiebeln

1. Zwiebeln schälen und in 3 mm dicke Scheiben schneiden. Zitronen auspressen, die Bio-Zitrone waschen und in dünne Scheiben schneiden. Zwiebeln mit 4 EL Zitronensaft beträufeln und mit grobem Salz bestreuen. 1 Std. marinieren.

2. Zwiebeln in einem Sieb vorsichtig ausdrücken, so dass die Ringe nicht kaputt gehen. Zwiebeln lagenweise in größere Gläser füllen. Jede Lage mit Gewürzen bestreuen, ab und zu 1 Zitronenscheibe dazwischen legen. 8 EL Zitronensaft über die Zwiebeln gießen, sie sollen knapp bedeckt sein. Je 1–2 Lorbeerblätter auflegen. Mit Olivenöl als Luftabschluss auffüllen, verschließen und an einem kühlen trockenen Ort aufbewahren.

Gute Begleiter
Zu kalten Fleischgerichten, Käse, griechischem Joghurt oder Salzkartoffeln.

Variante

Aus roten Zwiebeln und Rotweinessig können Sie einen rustikalen **Würzessig** herstellen: 2 kleine rote Zwiebeln schälen und mit 1/4 l Essig in ein Glas füllen. 1 Woche ziehen lassen, durch ein Tuch abgießen und in einer verschlossenen Flasche aufbewahren. Der Essig passt gut in Salatsaucen, aber auch zu frisch marinierten Auberginen, Bohnen oder Tintenfischen.

Für ca. 1 l
1 kg kleine Auberginen
4 Knoblauchzehen
60 g Salz
125 ml Essig
3–6 scharfe Chilischoten
4 Zweige Minze
3 El Estragon- oder Sherryessig
250–300 ml Olivenöl

Zubereitung: 30 Min.
Haltbarkeit: 2–3 Monate

Auberginen mit Minze

1. Auberginen waschen und vierteln. Knoblauch schälen. 2 l Wasser mit 50 g Salz, 125 ml Essig und Knoblauch zum Kochen bringen. Die Auberginen darin bei schwacher Hitze in 12–15 Min. fast weich kochen.

2. Inzwischen Chilis und Minze waschen, die Chilis in große Stücke schneiden. Minze trockenschütteln. Die Auberginen mit einem Schaumlöffel aus dem Wasser heben, etwas abkühlen lassen und vorsichtig mit der Hand ausdrücken.

3. Auberginen mit Chilis, Minze, Estragon und Essig mischen, in Gläser füllen und mit Olivenöl vollständig bedecken. Kühl und dunkel lagern.

Gute Begleiter
Gut zu gegrilltem Fleisch, v.a. zu Lamm oder Kaninchen, am besten mit der Peperonisauce auf Seite 100.

Tipp

Wenn Sie die Auberginen innerhalb weniger Tage essen, können Sie das Olivenöl stark reduzieren oder ganz weglassen. Diese Auberginen sollten Sie im Kühlschrank aufbewahren.

Für ca. 1 1/2 l
2 Zweige Bohnenkraut
4–5 Dillblüten
5–6 Stängel Zitronen-Verbene oder
Minze
500 g breite grüne Bohnen
500 g Perlzwiebeln
1/2 Fenchelknolle
1 EL Salz
1 EL Senfkörner
1 TL Pfefferkörner
400 ml Weißweinessig

Zubereitung: 20 Min.
Haltbarkeit: 12 Monate

Breite Bohnen mit Perlzwiebeln

1. Kräuter waschen und trocken-schütteln. Bohnen putzen, Zwiebeln schälen (das geht am besten, wenn Sie die Zwiebeln kurz mit kochendem Wasser überbrühen). Fenchel waschen, putzen und in sehr dünne Scheiben schneiden.

2. Die Gemüse nacheinander in Salzwasser bissfest kochen und mit einem Schaumlöffel aus dem Wasser nehmen. Abwechselnd mit Kräutern und Gewürzen eng in Twist-off-Gläser schichten.

3. Essig, Salz und 400 ml Wasser zum Kochen bringen und über das Gemüse gießen, sofort verschließen. Kühl und dunkel lagern.

Gute Begleiter
Einfach so. Oder als Antipasto oder als Beilage zu gegrilltem oder gebratenem Fleisch servieren.

Variante

Sie können auch Bohnenkerne verwenden, diese müssen jedoch vor dem Garen einige Std. eingeweicht und dann fast weich gekocht werden.

Für ca. 450 ml
1 kg aromatische Tomaten
(z.B. Eiertomaten)
3–4 Knoblauchzehen
2 Rosmarinzweige
1 Chilischote, Salz
200 ml Olivenöl

Zubereitung: 15 Min.
Garzeit: 1 Std.
Haltbarkeit: 3–4 Monate

Geschmorte Tomaten

1. Die Stielansätze der Tomaten entfernen. Tomaten in kochendem Wasser einige Sek. blanchieren, kalt abschrecken, schälen und vierteln, dabei die Kerne entfernen.

2. Knoblauch schälen und in Scheiben schneiden. Rosmarin waschen, die Nadeln abstreifen und fein hacken. Chili waschen und in Ringe schneiden. Alle Zutaten flach auf einem Backblech ausbreiten, kräftig salzen und mit dem Olivenöl begießen. Bei 120° Umluft im Backofen 1 Std. schmoren.

3. Die Tomaten vorsichtig mit einem flachen Löffel in Twist-off-Gläser füllen, mit Öl begießen und verschließen. Kühl und dunkel lagern.

Gute Begleiter
Geschmorte Tomaten sind ein tolles Antipasto, alleine oder mit Schafkäse oder Mozzarella.

Nudeln mit geschmorten Tomaten
Für 4 Personen 500 g Spaghetti kochen. Währenddessen frischen Knoblauch und Kräuter in 2–3 EL Tomatenöl anschwitzen, 150 g in feine Streifen geschnittenes Fischfilet (z.B. Seezunge oder Scholle) dazugeben, 1 Min. dünsten, dann knapp 100 g geschmorte Tomatenfilets und 4 EL Nudelwasser zugeben. Die Nudeln abgießen, mit Sauce und reichlich grob zerzupftem Basilikum oder Fenchelkraut mischen, sofort servieren.

Tipp

Ob Sie die Tomaten schälen oder nicht, ist Geschmackssache – mit Schale sind die Filets stabiler, ohne Schale zarter. Kirschtomaten eventuell schälen, dann halbieren, aber nicht entkernen.

Saure Gurken

Für 1 Gärtopf mit 10 l Inhalt:
1/2 l Bio-Dickmilch oder Buttermilch
90 g Salz
3 kg kleine Gurken zum Einlegen
500 g Perlzwiebeln oder kleine Zwiebeln
100 g frischer Meerrettich
1 großes Bund Dill oder Dillblüten
2 Zweige frische Lorbeerblätter
frische Eichenblätter (s. Tipp)
3 EL Senfkörner
2 EL Korianderkörner

Zubereitung: 1 Std.
Abkühlzeit: 2 Std.
Ruhezeit: 3–4 Wochen
Haltbarkeit: 6 Monate

Tipp

Die Gerbsäure der Eichenblätter schützt die Gurken vor dem Weichwerden, bis sich genügend Milchsäure gebildet hat. Statt Eichenblättern können Sie auch andere gerbsäurehaltige Blätter wie Lorbeer-, Wein-, Himbeer-, Meerrettich- oder Johannisbeerblätter verwenden.

1. Um frische Molke für die Startkultur herzustellen, die Dickmilch auf ca. 30° erhitzen. Ein Sieb über einer Schüssel mit einem Tuch auslegen, die Dickmilch hineingießen. Die ablaufende Flüssigkeit ist frische Molke. (Die zurückbleibende Masse wie Quark verwenden.)

2. 3 l Wasser mit dem Salz aufkochen lassen, bis sich das Salz gelöst hat, vom Herd nehmen und auf Zimmertemperatur abkühlen lassen.

3. Die Gurken waschen und gut abtropfen lassen, mit einer dicken Nadel von allen Seiten einstechen. Zwiebeln und Meerrettich schälen, Meerrettich in dünne Scheiben schneiden. Dill, Lorbeer und Eichenblätter waschen und trockenschütteln, den Dill grob zerkleinern.

4. Gurken, Kräuter, Gewürze und Eichenblätter abwechselnd in den Gärtopf schichten, die oberste Schicht sollen Eichenblätter sein. Mit der abgekühlten Salzlake und der Molke begießen. Beschwerungssteine auflegen, die Wasserrinne füllen und den Topf schließen.

5. Die Gurken 10 Tage bei Zimmertemperatur gären lassen, dann in einem kühlen Keller 14 Tage ausreifen lassen.

6. Um Gurken zu entnehmen, den Deckel abnehmen. Falls sich eine feine weiße Hefeschicht gebildet hat, diese sorgfältig abschöpfen. Steine und Deckblätter entfernen. Die Gurken schichtweise herausnehmen (keine Löcher graben) und den Bedarf für 2–3 Wochen in einem anderen Gefäß in den Kühlschrank stellen. Deckblätter und Steine waschen, wieder auflegen, bei Bedarf noch etwas Salzwasser nachfüllen (30 g Salz pro Liter).

Im Gärtopf einlegen – genau erklärt

Gefäße: Die Gärung verläuft in größeren Mengen nach Möglichkeit unter Luftabschluss. Am besten geeignet sind Gärgefäße aus Steinzeug mit Wasserrinne und Beschwerungsstein. Sie können auch in Gläsern oder offenen Tongefäßen einsäuern, die Gärung verläuft jedoch langsamer, und Sie müssen alle 10 Tage die weißliche Hefeschicht von der Flüssigkeit entfernen und Deckel und Beschwerung gründlich reinigen.
Gärung: Als Startkultur eignen sich 1/4 l Saft einer gut gelungenen Milchsäurekonserve, frische Molke oder Buttermilch. Zunächst steht der gefüllte Topf für einige Tage bei Zimmertemperatur. Sobald die Gärung in Gang gekommen ist, hören Sie alle paar Std. ein deutliches »Blubb«. Zeit, den Topf an einen kühlen Ort zu stellen – am besten in den Keller. Dort kann das Gemüse ausreifen, was je nach Sorte und Temperatur zwischen 2 und 6 Wochen dauert. Danach hat es einen pH-Wert von 4,1; hier können sich keine Buttersäure und Fäulnisbakterien mehr bilden.
Haltbarkeit: Das Gemüse hält sich einige Monate im Gärgefäß. Sie sollten den Gärtopf nicht zu oft öffnen, lieber alle 2–3 Wochen eine größere Menge entnehmen und in einem kleinen Gefäß im Kühlschrank zwischenlagern.

Für 1 Gärtopf mit 10 l Inhalt:
5 kg Weißkohl (Herbstkohl; netto ca. 4 kg)
2 säuerliche Äpfel (z.B. Cox orange oder Elstar)
1 EL Wacholderbeeren
1 EL Kümmelsamen
50 g Salz
200 ml Molke (frisch s. Seite 72 oder aus dem Reformhaus)

Zubereitung: 2 Std.
Ruhezeit: 4–6 Wochen
Haltbarkeit: 6 Monate

Sauerkraut

1. Die äußeren, sehr dunklen Blätter der Kohlköpfe wegwerfen. Einige große Blätter ablösen, waschen und aufbewahren, um später damit das Kraut abzudecken. Kohlstrünke herausschneiden und grob reiben, die Kohlköpfe vierteln und fein schneiden oder hobeln. Die Äpfel waschen, vierteln, putzen und in dünne Scheiben schneiden.

2. Ein Drittel des Kohls in den Gärtopf füllen und mit einem hölzernen Kohlstampfer oder mit der Faust kräftig einstampfen, damit der Zellsaft austritt. Einige Apfelscheiben, Gewürze, Salz und Molke zugeben und die nächste Schicht Kohl darauf verteilen. Wieder kräftig stampfen, dabei soll auch das Salz gleichmäßig im Kohl verteilt werden. Wenn der Topf zu vier Fünfteln gefüllt ist, einige große Kohlblätter auf den gestampften Kohl legen. 30 Min. stehen lassen, dann die Steine zum Beschweren auflegen. Die ausgetretene Flüssigkeit soll den Kohl bedecken, eventuell noch Salzlake (1,5 % Salz) dazugeben.

3. Die Wasserrinne füllen, den Topf zudecken und 2–3 Tage bei 20–22° stehen lassen, bis die Gärung in Gang kommt. An einem kühleren Ort 2–3 Wochen gären lassen. Nach der Hauptgärung den Topf öffnen, falls nötig, die Steine gründlich abspülen und fehlende Flüssigkeit mit abgekühltem Salzwasser (1,5 % Salz) ergänzen. Nach 4–6 Wochen ist das Sauerkraut ausgereift.

Für 1 Gärtopf mit 7 1/2 l Inhalt:
60 g Salz
1 1/2 kg Perlzwiebeln oder kleine Zwiebeln
1 kg Waldpilze (z.B. Pfifferlinge)
1 kg grüne Bohnen
5–6 milde, rote Peperonis
100 g frischer Meerrettich
je 1 Bund Petersilie und Koriandergrün (am besten mit Wurzeln)
2 EL Senfkörner
1 EL Korianderkörner
300 ml Molke (s. Seite 72 oder aus dem Reformhaus)
Zum Abdecken:
Blätter (s. Tipp, Seite 72)

Abkühlzeit: 2 Std.
Zubereitung: 1 Std.
Ruhezeit: 3–4 Wochen
Haltbarkeit: 6 Monate

Zwiebel-Gemüse mit Pilzen

1. 2 l Wasser mit dem Salz aufkochen und auf Zimmertemperatur abkühlen lassen. Zwiebeln schälen (Zwiebelchen dafür kurz in kochendem Wasser blanchieren und kalt abschrecken). Pilze putzen, größere Pilze halbieren oder in dicke Scheiben schneiden. Die Pilze in wenig Wasser 5 Min. dünsten, dann herausnehmen. Wasser salzen, Bohnen putzen und darin sehr bissfest kochen, kalt abschrecken.

2. Peperonis waschen und in Ringe schneiden (5 mm). Meerrettich schälen und in Scheiben schneiden. Kräuter waschen und trockenschütteln, die Blättchen abzupfen, die Meerrettichwurzel schälen und in Scheiben schneiden.

3. Das Gemüse abwechselnd mit Kräutern, Gewürzen und Molke in den Gärtopf füllen, mit Salzlake auffüllen, mit Blättern abdecken und mit den Steinen beschweren.

4. Die Wasserrinne füllen, zudecken und das Gemüse wie beschrieben (s. oben) reifen lassen.

Für 1 Einmachglas mit Klammern
(2 l Inhalt)
1 kg Bio-Zitronen
500 g Einmachzucker
1/4 l Molke (s. Seite 72 oder aus
dem Reformhaus)
Zum Abdecken:
Weinblätter oder Quittenblätter
1 flacher Stein, der in das Glas passt

Zubereitung: 20 Min.
Gär- und Reifezeit: 8–12 Wochen
Haltbarkeit: 6 Monate

Eingelegte süße Zitronen

1. Zitronen waschen, abtrocknen und vierteln. Mit dem Zucker abwechselnd in das Glas schichten, mit Molke begießen und mit Weinblättern und dem Stein abdecken. Die Zitronen sollen von Flüssigkeit bedeckt sein.

2. Das Glas mit Gummiring, Klammern und Deckel verschließen und an einem dunklen Platz bei Zimmertemperatur 5 Tage stehen lassen. Sobald die Gärung begonnen hat, an einem kühlen dunklen Ort 8–12 Wochen ausreifen lassen.

3. Falls sich eine weißliche Hefeschicht gebildet hat, diese von der Oberfläche entfernen und Deckel und Beschwerung gründlich reinigen. Dann können Sie die Zitronen nach Bedarf entnehmen.

Gute Begleiter
Gut als Gewürz zu Gerichten, in denen geriebene Zitronenschale verwendet wird, z.B. zu gedünsteten Beeren, Quarkspeisen oder Pfannkuchen. Sie können die Zitronen aber auch fein geschnitten zu Käse servieren.

Für 1 Gärtopf mit 7 1/2 l Inhalt:
120 g Salz
3 1/2 kg kleine weiße Rübchen
(z.B. Teltower Rübchen)
1 Bund Fenchelkraut oder Dill
2 Zweige Lorbeerblätter
5–6 Anissterne
1 EL schwarze Pfefferkörner
300 ml Molke (s. Seite 72 oder aus
dem Reformhaus)
Zum Abdecken:
einige Kohlblätter oder andere
Blätter (s. Tipp Seite 72)

Abkühlzeit: 2 Std.
Zubereitung: 1 Std.
Gär- und Reifezeit: 7–9 Wochen
Haltbarkeit: 6 Monate

Eingelegte weiße Rübchen

1. 3 l Wasser mit dem Salz aufkochen und abkühlen lassen. Die Rübchen waschen, größere in dicke Scheiben schneiden. Fenchelkraut und Lorbeerblätter waschen und trockenschütteln. Kraut abzupfen.

2. Rübchen, Kräuter und Gewürze in den Gärtopf schichten, mit Kohlblättern abdecken und mit Molke und Salzlake aufgießen.

3. Die Wasserrinne füllen, den Topf zudecken und bei Zimmertemperatur (20°) 4–5 Tage stehen lassen, bis die Gärung in Gang kommt. Dann 6–8 Wochen im kühlen Keller ausreifen lassen.

Tipp

Nach demselben Rezept können Sie auch kleine Rote Bete (ganz oder grob gerieben) einsäuern. Bei traditionellen Borschtsch-Rezepten wird die fertige Suppe mit gesäuerter Roter Bete gefärbt und aromatisiert.

Für 1 Gärtopf mit 7 1/2 l Inhalt:
2–3 feste Chinakohlköpfe (ca. 3 kg)
215 g Meersalz ohne Zusätze
1 EL Reismehl
500 g Rettich
125 ml Fischsauce (nur aus Salz und Anchovis)
2 EL Paprikapulver
5–10 scharfe Chilischoten (nach Belieben mehr)
4–5 Frühlingszwiebeln
4–5 Knoblauchzehen
80 g Ingwerwurzel

Zubereitung: 1 Std.
Ruhezeit: 16–18 Std.
Gär- und Reifezeit: 3–4 Wochen
Haltbarkeit: 2–6 Monate, je nach Jahreszeit

Koreanisches Kraut – Kimchi

1. Chinakohl putzen und den Strunk unten abschneiden. Den Chinakohl der längs vierteln, dabei mit dem Messer nur unten einschneiden und der Rest mit den Händen auseinander reißen. (Wenn man den Kohl ganz mit dem Messer schneidet, entstehen zu viele kleine Blattreste, die später abfallen.)

2. 200 g Salz mit 1/2 l Wasser aufkochen lassen. Salzlösung mit 4 1/2 l Wasser mischen und in eine große Schüssel gießen. Kohlviertel in die Lake legen, mit den Beschwerungssteinen des Gärtopfes unter Wasser drücken und 16–18 Std. in der Lake entwässern.

3. 180 ml Wasser aufkochen lassen. Das Reismehl einrühren, 2–3 Min. kochen und abkühlen lassen. Kohlviertel vorsichtig aus der Lake nehmen (die Lake aufbewahren), in kaltem Wasser waschen und auf einem Gitter gut abtropfen lassen. Rettich schälen und grob raspeln, mit 1 EL Salz mischen.

4. In einer großen Schüssel die Gewürzpaste vorbereiten: Die kalte Mehlsauce mit Fischsauce und Paprika mischen. Chilis und Frühlingszwiebeln waschen. Zwiebeln putzen und in feine Ringe schneiden. Chilis grob zerkleinern, sehr scharfe entkernen. Knoblauch und Ingwer schälen, Knoblauch mit den Chilis im Mörser zerstoßen oder mit einem großen Messer fein hacken. Ingwer reiben. Alle Gewürze und den Rettich in die Sauce rühren.

5. Diese Gewürzmischung sorgfältig zwischen die einzelnen Blätter des Chinakohls verteilen. Jedes Viertel mit seinen beiden äußeren Blättern eng umwickeln, dabei die Spitzen nach innen schlagen. Kohlstücke mit den Spitzen nach oben eng nebeneinander in den Gärtopf schichten. Mit Salzlake auffüllen, so dass der Kohl vollständig bedeckt ist, mit den Steinen beschweren.

6. Die Wasserrinne füllen, den Topf zudecken und bei Zimmertemperatur (20°) 2–3 Tage stehen lassen, bis die Gärung in Gang kommt. Danach den Kohl 2–3 Wochen im kühlen Keller ausreifen lassen. Der Geschmack ist nun am besten, ab jetzt sollte die weitere Reifung möglichst verlangsamt werden – gut geht das im Winter an einem kalten, aber frostfreien Platz (in Korea werden die Töpfe manchmal in der ganzjährig kühlen Erde eingegraben). Sie können Kimchi auch im Sommer machen, sollten es dann aber innerhalb von 2 Monaten verbrauchen.

Gute Begleiter
Kimchi gehört zu jedem koreanischen Essen, vor allem aber zu gekochtem Reis.

Varianten

In Korea wird nicht nur Kohl, sondern fast jedes Gemüse in Verbindung mit verschiedensten Meeresfrüchten vergoren. Kohl-Kimchi ist aber die beliebteste Variante. Sie können die Gewürzmischung mit asiatischem Senfkraut, Brunnenkresse oder Algen ergänzen.

Ganz viel Geschmack

Süß-saures, Chutneys und Würzsaucen

Viele der Düfte und Aromen, die Sie in diesen Rezepten finden, machen Lust auf Reisen in ferne Länder und auf Geschichten von Seefahrern und Gewürzinseln. Doch auch aus Bayern kommen exotische Rezepte wie Schwarze Nüsse oder Essigkirschen. Was unsere Chutneys, Relishes und Würzsaucen verbindet: Sie alle sind vor allem geeignet, um Gegrilltes, Fleisch-, Fisch- oder Gemüsegerichte zu würzen oder zu ergänzen.

Für ca. 800 ml
500 g Rhabarber
200 g Schalotten oder kleine
Zwiebeln
1 säuerlicher Apfel
3 Limetten
3–4 Knoblauchzehen
5 cm Ingwerwurzel
1–2 Chilischoten
100 g getrocknete Aprikosen
1 EL Senfkörner
1/2 TL Kreuzkümmel
200 g Einmachzucker
1 TL Salz

Zubereitung: 1 Std.
Ruhezeiten: 3 Tage
Haltbarkeit: 12 Monate

Rhabarberchutney

1. Rhabarber und Schalotten schälen und würfeln. Den Apfel waschen und würfeln, dabei das Kernhaus entfernen. Die Limetten auspressen, den Saft mit Rhabarber, Zwiebeln und Apfel in einen flachen Topf geben.

2. Knoblauch und Ingwer schälen und fein hacken. Chili waschen und in feine Ringe schneiden. Aprikosen in Streifen schneiden. Alle Zutaten mit den Gewürzen, dem Einmachzucker und dem Salz mischen, in den Topf geben und 30 Min. ziehen lassen, damit etwas Fruchtwasser austritt.

3. Das Chutney aufkochen lassen, zugedeckt bei mittlerer Hitze 10 Min. kochen, dabei oft umrühren. Dann offen in 5–10 Min. zu einer marmeladenartigen Konsistenz einkochen.

4. Sterilisierte (wichtig! s. Seite 134) Twist-off-Gläser zügig mit der heißen Masse randvoll füllen. Sofort verschließen. Kühl stellen und einige Tage durchziehen lassen.

Gute Begleiter

In Indien werden die fruchtigen Chutneys frisch zubereitet und zu fast jedem Essen serviert, zusammen mit Würzsaucen und eingelegten Gemüsen (Pickles). In der europäischen Küche passen Chutneys zu Grillgerichten, Fleischfondues oder Käse. Rhabarberchutney schmeckt am allerbesten zu Lammkoteletts.

Chutneys kochen – genau erklärt

Hygiene: Chutneys halten fast genauso lange wie Konfitüren. Da der konservierende Zuckergehalt aber viel niedriger ist, müssen sie besonders sorgfältig abgefüllt werden – die Gläser also nicht nur heiß auswaschen, sondern im Backofen sterilisieren (s. Seite 134), sofort füllen und verschließen, sobald das Chutney fertig ist. In fast allen Rezepten wird etwas Essig oder Zitronensaft verwendet – auch die Säure macht das Chutney haltbar.

Garzeiten und Zucker: In vielen Chutney-Rezepten werden die Zutaten zuerst weich gekocht, bevor Zucker dazukommt. Das hat seinen Grund darin, dass manche Früchte, z.B. alle Zitrusfrüchte, mit Zucker nur sehr langsam garen.

Reifung: Viele Chutneys schmecken am besten, wenn sie einige Tage oder Wochen durchgezogen haben – die Aromen aus den oft nur grob zerkleinerten Gewürzen benötigen etwas Zeit, um sich in den Würzpasten gleichmäßig zu verteilen.

Täglich frisch: In Indien, Pakistan oder Afghanistan, wo Chutneys ihren Ursprung haben, werden manche Chutneys täglich frisch zubereitet und sofort verbraucht.

Mango-Chutney

Für ca. 800 ml
2 halbreife Mangos (ca. 1 kg)
100 g Kumquats
3–4 rote Chilischoten
1/4 l Apfelessig
250 g Einmachzucker
1 TL Salz
1/2 TL Kardamomsamen
1/2 TL Fenchelsamen

Zubereitung: 20 Min.
Garzeit: 1 Std.
Haltbarkeit: 12 Monate

1. Mangos schälen, vom Kern lösen und in Würfel schneiden (ca. 2 cm). Kumquats waschen, in Scheiben schneiden und dabei entkernen. Chilis waschen und in Ringe schneiden, sehr scharfe vorher entkernen.

2. Die Früchte mit Apfelessig 10 Min. kochen, Zucker, Salz und Gewürze zugeben und bei schwacher Hitze unter häufigem Rühren 40–50 Min. kochen, bis das Chutney dickflüssig geworden ist.

3. Sterilisierte (s. Seite 134) Twist-off-Gläser mit der heißen Masse randvoll füllen und verschließen.

Gute Begleiter
Passt gut zu gebratenem und gegrilltem Fisch und sogar zu Fischstäbchen!

Tomatenchutney

Für ca. 800 ml
500 g aromatische Äpfel (z.B. Elstar)
2 Zwiebeln, 2–4 Knoblauchzehen
6–8 cm Ingwer
300 ml Apfelessig, 1 kg reife Tomaten
250 g brauner Zucker
150 g Rosinen, 1 El Salz

Zubereitung: 20 Min.
Garzeit: 1 Std.
Haltbarkeit: 12 Monate

1. Die Äpfel schälen, vierteln, putzen und klein schneiden. Zwiebeln, Knoblauch und Ingwer schälen, klein würfeln. Alles mit dem Essig 10 Min. kochen.

2. Inzwischen Tomaten von den Stielansätzen befreien, 10–20 Sek. in kochendes Wasser legen, kalt abschrecken und häuten. Die Tomaten grob hacken und mit Zucker, Rosinen und Salz zu den Äpfeln geben. Bei schwacher Hitze unter häufigem Rühren 40–50 Min. kochen, bis das Chutney dickflüssig geworden ist.

3. Sterilisierte Twist-off-Gläser mit dem heißen Chutney randvoll füllen und verschließen.

Gute Begleiter
Tomatenchutney passt besonders gut zu kaltem Braten oder Putenschinken.

Limettenchutney

Für ca. 800 ml
700 g Bio-Limetten (oder kleine Bio-Zitronen)
300 g Zwiebeln, 6–8 cm Ingwer
3–4 Chilischoten, 1 EL Salz
1 TL Kardamomkapseln, 1 TL Koriandersamen
1/2 TL Wacholderbeeren
300 g Gelier Zucker 1plus1 (s. Tipp Seite 133)
1 Teeei

Zubereitung: 40 Min.
Garzeit: 25–30 Min.
Ruhezeit: mindestens 4 Wochen
Haltbarkeit: 12 Monate

1. Limetten waschen. Die Hälfte der Limetten mit einem scharfen Messer schälen, auch die weiße innere Haut entfernen. Alle Limetten längs vierteln und in sehr dünne Scheiben schneiden, dabei die Kerne entfernen. Zwiebeln und Ingwer schälen und in dünne Scheiben schneiden. Chilis waschen und in Ringe schneiden, sehr scharfe vorher entkernen. Alles mit Salz und 400 ml Wasser in 25–30 Min. weich kochen, etwas abkühlen lassen.

2. Die Gewürze leicht zerdrücken, in das Teeei füllen und mit dem Zucker zu den Limetten geben. Unter Rühren zum Kochen bringen, bis alles kräftig sprudelt. 4 Min. kochen lassen, dabei nicht aufhören zu rühren. Den Topf vom Herd nehmen, sterilisierte Twist-off-Gläser mit dem heißen Chutney randvoll füllen und verschließen. Mindestens 1 Monat ruhen lassen, damit auch die Limettenschalen gut durchziehen können.

Apfel-Dattel-Chutney

Für ca. 650 ml
250 g Schalotten, 150 g Datteln
2 säuerliche Äpfel (z.B. Bracburn)
Salz, 100 g brauner Zucker
125 ml Weißwein- oder Reisessig
1–2 Chilischoten, 1 TL Senfkörner
2 Lorbeerblätter, 100 ml Apfelsaft
1 Bund Koriandergrün

Zubereitung: 1 Std.
Haltbarkeit: 6 Monate

1. Schalotten schälen, in Scheiben schneiden. Datteln entkernen, schälen und in Streifen schneiden. Äpfel waschen, vierteln, putzen und in Scheiben schneiden. Alles in einen Topf geben, leicht salzen und mit Zucker und Essig mischen.

2. Chilis waschen und in Ringe schneiden, mit Senf und Lorbeer zugeben. Mit Apfelsaft aufgießen, in 20 Min. zu einer marmeladenartigen Konsistenz einkochen lassen. Währenddessen den Koriander waschen, trockenschütteln und hacken. Unter das fertige Chutney ziehen, sofort in sterilisierte Twist-off-Gläser füllen.

Für ca. 300 ml
1 TL Kreuzkümmel
3–5 Chilischoten
1 TL Salz
3–4 Bund Koriandergrün
(abgezupft ca. 100 g)
1/2 unbehandelte Zitrone
4 EL Öl

Zubereitung: 15 Min.
Haltbarkeit: 2 Wochen

Korianderchutney

1. Kreuzkümmel in einem kleinen Topf ohne Fett rösten, bis die Körner duften, herausnehmen und in einen Mörser oder Blitzhacker geben. Chilis waschen, in Stücke schneiden und mit Salz und Kreuzkümmel dazugeben. Alles zerkleinern.

2. Koriander nur falls nötig waschen, sehr gut trockenschleudern, die Blättchen abzupfen. Koriander zu den Gewürzen geben, zu einer Paste pürieren. Zitrone waschen, die Schale abreiben, den Saft auspressen, beides unter das Chutney rühren. In sterilisierte Gläser füllen, glatt streichen und mit etwas Öl luftdicht abdecken. Im Kühlschrank aufbewahren.

Gute Begleiter
Zum Abschmecken von Reisgerichten, als Dip zu Fleisch und zu Gerichten aus dem Wok.

Tipp

Korianderchutney gehört zu den frischen Chutneys, die oft für jedes Essen neu zubereitet werden: Sie halten ca. 2 Wochen im Kühlschrank.
Im pakistanischen Originalrezept werden eher Chilis als Peperoni verwendet, das Chutney wird dann aber ziemlich scharf. Wir variieren dieses Rezept oft mit anderen Kräutern wie Melisse, Zitronenverbene oder Petersilie, auch 2–3 EL Nüsse, z.B. Pinienkerne schmecken darin sehr gut.

Für ca. 400 ml
200 g Petersilie (ca. 3 große Bund)
300 g Tomaten
2 grüne Peperoni
3–4 Knoblauchzehen
1 TL Salz
2 EL Essig, 4 EL Öl

Zubereitung: 15 Min.
Haltbarkeit: 2 Wochen

Petersiliensauce

1. Petersilie waschen und trockenschütteln, die Blättchen abzupfen und grob hacken. Die Tomaten von Stielansätzen befreien und in kochendem Wasser kurz blanchieren. Tomaten kalt abschrecken und schälen. Peperoni waschen und grob hacken, sehr scharfe vorher entkernen. Knoblauch schälen und zerkleinern.

2. Diese Zutaten mit 1 TL Salz und 2 EL Essig im Mörser oder in einem Blitzhacker fein pürieren, die Konsistenz soll ähnlich der von Pesto sein. Die Petersiliensauce frisch servieren oder in kleine Gläser füllen, mit einer dünnen Schicht Öl luftdicht abschließen und im Kühlschrank aufbewahren.

Gute Begleiter
Das Rezept für diese Sauce kommt aus Afghanistan. Hier wird die Petersiliensauce zu fast jedem Essen gereicht, besonders gut passt sie zu Reisgerichten und zu Gerichten mit Huhn, Joghurt oder Auberginen.

Für ca. 350 ml
**je 1 TL schwarze Pfefferkörner,
Kreuzkümmel, Kardamom- und
Koriandersamen
5–6 Gewürznelken
1–2 EL Chiliflocken oder getrocknete Chilis
1 kleine Zwiebel
4 Knoblauchzehen
4 EL Olivenöl
1/2 TL frisch geriebene Muskatnuss
4 EL Paprikapulver
2 EL Salz
100 ml Rotwein**

Zubereitung: 40 Min.
Haltbarkeit: 3–4 Monate

Orientalische Rotwein-Würzsauce

1. Gewürzkörner und Nelken unter ständigem Rühren in einem hohen Topf rösten, bis die Gewürze duften. Chiliflocken zugeben, einige Sek. mitrösten, dann alles in einen Mörser schütten und fein zerreiben oder mit dem Pürierstab in einem hohen Becher fein zerkleinern. Unbedingt mit einem Tuch abdecken, während Sie die Gewürze mixen.

2. Zwiebel und Knoblauch schälen und fein schneiden. Öl erhitzen, beides darin bei schwacher Hitze 10 Min. dünsten. Die gerösteten Gewürze, Muskat, Paprika, Salz und Rotwein zugeben und in 10 Min. dickflüssig einkochen lassen.

3. In kleine sterilisierte Gläser füllen und verschließen. Sobald Sie ein Gläschen geöffnet haben, darauf achten, dass immer eine dünne Schicht Olivenöl über der Sauce ist.

Gute Begleiter
Zum Abschmecken von orientalischen Fleischgerichten oder zu indischen Gerichten. Am meisten wird die Paste aber benutzt, um Hülsenfrüchte (z.B. Kichererbsen) zu würzen, die dann mit etwas Joghurt und frischen Kräutern serviert werden.

Für ca. 300 ml
**100 g frische Kurkumawurzel
(ersatzweise Ingwer)
50 g frischer Ingwer
1–2 Knoblauchzehen
6–7 scharfe grüne Chilischoten
1 Bio-Zitrone
75 ml Zitronensaft
1 EL Salz
3–4 El Öl**

Zubereitung: 20 Min.
Ruhezeit: mindestens 24 Std.
Haltbarkeit: 3–4 Monate

Ingwer-Chili-Paste

1. Kurkuma, Ingwer und Knoblauch schälen und fein hacken oder reiben. Chilis waschen und fein hacken. Die Zitrone heiß waschen und fein würfeln. Alle Zutaten mit Zitronensaft und Salz mischen und in kleine Gläschen füllen.

2. Die Gläschen an einem kühlen dunklen Ort mindestens 1 Tag durchziehen lassen. Es ist wichtig, dass der Dip immer von etwas Flüssigkeit und Öl bedeckt ist, deshalb nach der Entnahme, falls nötig, ab und zu etwas Öl ergänzen.

Gute Begleiter
In kleinen Dip-Schälchen zu indischen Gerichten servieren. Passt auch gut zu europäisch gedünstetem Gemüse, gebratenem Fleisch oder Fisch.

Variante

Die Zitronenschale gibt der Paste einen leicht bitteren Geschmack. Wenn Sie das nicht möchten, können Sie die Zitrone weglassen und 1 EL mehr Saft nehmen.
Oft werden diese Chili-Ingwer-Dips auch eingekocht wie ein Chutney, es ist aber eigentlich nicht nötig.

Dattel-Relish mit Tamarinde

Für ca. 1 l
500 g getrocknete Datteln
5 cm Ingwer
8 Knoblauchzehen
2–4 Chilischoten
200 ml Tamarindenpüree (Fertig-
produkt aus dem Glas, Asienladen)
1/4 l Rotweinessig
1 EL Salz

Zubereitung: 40 Min.
Haltbarkeit: 12 Monate

1. Datteln schälen, halbieren, entsteinen und in Streifen schneiden. Ingwer und Knoblauch schälen und fein hacken. Chilis waschen und in Ringe schneiden, scharfe entkernen.

2. Tamarindenpüree mit 1/2 l Wasser, Essig und Salz in einen Topf geben und mit Ingwer, Knoblauch und Chilis 5 Min. kochen. Datteln zugeben, 10 Min. kochen, bis die Datteln beginnen sich aufzulösen. In Gläser füllen. Oder für eine Sauce pürieren und dann in Gläser oder Flaschen füllen.

Gute Begleiter
Dattel-Relish passt gut zu Reisgerichten oder zu gegrilltem Fisch und Fleisch.

Tipp

Manchmal wird Tamarindenmark in kleinen Blöcken angeboten – verrühren Sie 100 g Tamarindenmark mit 200 ml lauwarmem Wasser und streichen Sie das Püree anschließend durch ein Sieb, um die Kerne zu entfernen.

Ananas-Relish

Für ca. 650 ml
600 g Ananas
2 unbehandelte Limetten
6–8 Knoblauchzehen
3–4 rote Peperonischoten
1 EL schwarzer Pfeffer
1 TL Fenchelsamen
1 TL Kreuzkümmel
1 EL Senfkörner
1 EL getrockneter Oregano
200 g Krümel Kandis oder Ein-
machzucker
1 El Salz

Zubereitung: 1 Std.
Haltbarkeit: 4–6 Monate

1. Ananas schälen (ergibt ca. 500 g Fruchtfleisch). Limetten waschen. Beides in Scheiben schneiden, diese klein würfeln oder hacken. Knoblauch schälen, Peperoni waschen, beides fein schneiden.

2. Pfeffer, Fenchel, Kreuzkümmel und Senfkörner in einem kleinen Topf ohne Fett rösten, bis die Gewürze duften. Aus dem Topf nehmen und fein mahlen (in einer Gewürzmühle, einer elektrischen Kaffeemühle, im Mörser oder mit dem Pürierstab; s. Seite 88 oben). Mit Oregano mischen. Gewürze mit Ananas, Limette, Knoblauch, Peperoni, Zucker und Salz in den Topf geben, 4 EL Wasser zugeben und bei schwacher Hitze unter Rühren zum Kochen bringen. 15 Min. kochen, bis alles weich ist.

3. Das Relish in sterilisierte Gläser oder weithalsige Flaschen füllen, kühl und dunkel aufbewahren.

Gute Begleiter
Zu gegrillten Gerichten wie z.B. Chicken-Wings.

Tipp

Sie können die Mengen der trockenen Gewürze vervielfachen und einen Teil davon in Gläschen füllen. Die Gewürze eignen sich gut als Grillgewürz oder als Basis für Grillmarinaden.

Bayerische Essigkirschen

Für ca. 800 ml
1 kg Süßkirschen, am besten frühe Hartkirschen
300 g Einmachzucker
140 ml Rotweinessig
1 Zimtstange
3–4 Gewürznelken

Zubereitung: 1 Std.
Ruhezeiten: 3 Tage + 2 Wochen
Haltbarkeit: 6–12 Monate

1. Die Kirschen waschen, gut abtropfen lassen und mit Stielen und Kernen in eine Schüssel geben. Zucker, Essig, Zimt und Nelken mit 100 ml Wasser aufkochen lassen und kochend über die Kirschen gießen. Mit einem Teller beschweren, zudecken und über Nacht ziehen lassen.

2. Den Saft in einen Topf abgießen, um ein Viertel einkochen lassen und wieder über die Kirschen gießen. Über Nacht stehen lassen. Am dritten Tag den Saft wieder abgießen und einkochen lassen. Die Früchte in den Sirup geben, einmal gut durchkochen lassen, heiß in Twist-off-Gläser füllen und verschließen.

Gute Begleiter
Hervorragend zu allen Wildgerichten – einfach die Bratensauce mit einigen EL Sirup aromatisieren und die Kirschen in der Sauce erwärmen.

Tipps

Hartkirschen sind am besten geeignet, Kirschen mit dickerer Haut werden leicht schrumpelig (was geschmacklich aber egal ist). Das können Sie weit gehend verhindern, indem Sie die Kirschen mit einer Nadel von allen Seiten einstechen.

Schwarze Nüsse

Für ca. 2 l
1 kg unreife grüne Walnüsse (s. Tipp)
1 Vanilleschote
1,4 kg Einmachzucker
2–3 Gewürznelken
1 EL Pimentkörner
2 Stücke Muskatblüte oder 1/4 TL Muskat
1/2 TL Salz

Zubereitung: 2–3 Std.
Ruhezeit: 2 Wochen + 3 Tage
Zeit zum Durchziehen: mindestens 6 Monate
Haltbarkeit: 24 Monate

1. Nüsse mit einer dicken Nadel rundum einstechen – am besten mit Handschuhen, sonst werden die Finger schwarz! Die Nüsse in kaltes Wasser legen, an einen kühlen dunklen Ort stellen. 2 Wochen lang jeden Tag das Wasser wechseln.

2. Die Nüsse mit kaltem Wasser auf den Herd setzen und 30 Min. kochen lassen, abgießen, abschrecken und abtropfen lassen.

3. Vanilleschote längs halbieren, das Mark auskratzen. 1,2 l Wasser mit 1,2 kg Zucker, Vanilleschote, -mark, Gewürzen und Salz aufkochen lassen, bis sich der Zucker gelöst hat. Etwas abkühlen lassen und über die Nüsse gießen. 1 Tag stehen lassen. Den Sirup abgießen, 100 g Zucker zufügen und aufkochen lassen. Etwas abkühlen lassen und über die Nüsse geben, stehen lassen. Noch einmal wiederholen.

4. Am vierten Tag die Nüsse mit dem Sirup aufkochen lassen, in kleine Gläser füllen und in 45 Min. sterilisieren (s. Seite 40 oder 110). 6 Monate im Keller ziehen lassen.

Gute Begleiter
Sie können die Nüsse mit etwas Saft für Schmorbraten oder Sauerbraten verwenden. Oder in dünnen Scheiben auf einem Zitronenrisotto oder in Salaten mit süß-sauren Saucen.

Tipp

Die Walnüsse müssen geerntet werden, kurz bevor sich die holzige Schale bildet (das sieht man, wenn man die grüne Nuss aufschneidet), sie haben dann die Größe einer großen Olive (Ende Juni oder Anfang Juli).

Gewürzpfirsiche

Für ca. 1 l
1 1/2 kg Pfirsiche (z.B. Weinberg-pfirsiche)
3 cm frischer Ingwer
200 ml Weißweinessig
500 g Einmachzucker
1/4 TL Kardamomsamen
2–3 Sternanis
2–3 Stücke Muskatblüte (Macis)

Zubereitung: 1 Std.
Ruhezeiten: 3 Tage + 2 Wochen
Haltbarkeit: 6–12 Monate

1. Pfirsiche kreuzweise einritzen und in einem großen Topf mit kochendem Wasser je nach Reifegrad 10–30 Sek. blanchieren. Die Pfirsiche abschrecken, die Haut abziehen, Pfirsiche in Spalten vom Stein lösen.

2. Ingwer in dünne Scheiben schneiden. Essig, 100 ml Wasser, Zucker und Gewürze zum Kochen bringen. Die Pfirsiche darin 2 Min. sanft kochen lassen. Mit einem Schaumlöffel herausheben und in heiß ausgespülte Twist-off-Gläser verteilen. Sirup bei starker Hitze 2 Min. einkochen lassen, die Gläser damit bis zum Rand auffüllen, sofort verschließen und abkühlen lassen.

Gute Begleiter
Gut zu Geflügel oder Schweinefleisch, ähnlich wie Preiselbeeren zu Wild. Eine besonders gute Kombination sind Gewürzpfirsiche mit Ziegenkäse.

Tipp

Die wohlschmeckendsten Pfirsiche sind – wie so oft – nicht die größ-ten. Im Spätsommer gibt es einige französische und süddeutsche Sorten, die früher vor allem am Rande von Weinbergen gepflanzt wurden. Sie sind klein und rosa. Man findet sie auf manchen Wochenmärkten.

Italienische Senfbirnen

Für ca. 2 l
1 kg kleine Birnen (im Frühsom-mer Spadone, im Herbst Williams Christ)
800 g Einmachzucker
800 ml Weißweinessig
4 EL Senfpulver
2 Papierteefilter mit Metall-klammern

Zubereitung: 45 Min.–1 Std.
Ruhezeiten: 2–3 Tage
Haltbarkeit: 6–12 Monate

1. Birnen schälen, dabei die Stiele an den Früchten lassen. Mit einem kleinen Messer den Blütenan-satz entfernen, große Birnen halbieren. Zucker mit Essig aufkochen lassen, Senfpulver in die Teefilter füllen, ver-schließen und mit den Birnen in den Sud legen. Zugedeckt 15–30 Min. bei schwacher Hitze kochen. Die Garzeit hängt davon ab, wie reif die Birnen sind: Am Ende sollen sie gar sein, aber nicht zerfallen.

2. Vom Herd nehmen, das Senf-pulver entfernen, die Birnen in Twist-off-Gläser füllen, sofort ver-schließen und 2–3 Tage durchziehen lassen.

Gute Begleiter
Sehr gut zu mariniertem Tunfisch (s. Seite 110).

Variante

Für die bekannten **italienischen Senffrüchte,** »La Mostarda di Cre-mona«, 200 g Einmachzucker mit 200 ml Wasser und 300 g gemisch-ten kandierten Früchten (z.B. Kir-schen, Feigen, Clementinen, Ananas, Orange, Apfel oder Melo-nen) 5 Min. köcheln lassen. Wie die Senfbirnen fertig kochen. Zu gekochtem Rindfleisch servieren.

Für ca. 3/4 l
1 kg Schlehen, gefroren oder nach dem ersten Frost geerntet (s. Tipp Seite 22)
1/4 l Rotwein
3 Sternanis
1 TL Kardamomkapseln
150 g kleine Zwiebeln
150 g brauner Zucker
1 EL Salz
1 EL Paprikapulver
1 TL Senfpulver oder 1 EL scharfer Senf

Zubereitung: 1 Std.
Haltbarkeit: 12 Monate

Schlehen-Ketchup

1. Die Schlehen waschen und abtropfen lassen. In einem Topf mit Rotwein, Anis und Kardamom zugedeckt bei schwacher Hitze in 20 Min. weich kochen. Die Schlehen und den Sud mit einem Holzlöffel durch ein grobmaschiges Sieb streichen oder mit einer »Flotten Lotte« passieren, um Kerne und Schalen zu entfernen (ergibt ca. 500 g Mus).

2. Zwiebeln schälen und fein schneiden, mit Zucker, Salz und 200 ml Wasser zum Kochen bringen, 15 Min. köcheln lassen. Das Schlehenpüree zugeben, vom Herd nehmen und fein pürieren. Unter Rühren aufkochen lassen. Paprika- und Senfpulver unterrühren, abschmecken und heiß in sterilisierte Twist-off-Gläser füllen.

Gute Begleiter
Vor allem zu Wildgerichten passt das herb-süße Ketchup sehr gut – aber auch zu Pommes frites.

Ketchup – Würze aus Asien
Ob Ketchup ursprünglich aus Indien oder aus China kommt, darüber streiten sich die Geister. Auf jeden Fall kamen würzige Saucen unter diesem Namen mit dem frühen Seehandelsverkehr aus Asien zu uns. Ketchups sind pürierte und passierte Frucht- und Gemüsesaucen – Tomatenketchup ist nur bei uns das verbreitetste. Die meisten Ketchups sind schwächer gewürzt als die verwandten Chutneys, der Geschmack der Grundzutaten steht mehr im Vordergrund.

Variante

Tomatenketchup
Kochen Sie eine dicke Tomatensauce wie im Rezept für Sizilianische Tomatenpaste (Seite 102) beschrieben, oder kochen Sie gekaufte passierte Tomaten dick ein. Auf 1 kg Tomatenpüree kommen: 1/4 l Apfelessig, 6 EL Zucker, 1 TL gemahlener Piment, 1 TL gemahlener Koriander, 1 Msp. gemahlene Nelken, evtl. 1 TL gemahlener Ingwer und etwas geriebener Muskat oder gemahlene Muskatblüte. Das Püree mit den Würz-Zutaten gut durchkochen, mit Salz abschmecken, in Gläser füllen und 20 Min. einkochen.

Heiß einfüllen – genau erklärt

Eine moderne Konservierungsmethode: Das Heiß-Einfüllen hat das echte Einkochen weit gehend abgelöst, nur besonders empfindliche Produkte mit geringem Zucker- oder Säuregehalt werden nach wie vor am besten eingekocht.
Hygiene: Fürs Heiß-Einfüllen ist es wichtig, die Gläser möglichst keimarm zu verwenden. Sie werden also entweder sehr heiß ausgespült und dann im Backofen getrocknet (Geschirrtücher enthalten zu viele Keime) oder im Ofen sterilisiert (s. Seite 134). Die Gläser sollen noch warm sein, dann zerspringen sie nicht beim Einfüllen.
Das Gargut so heiß wie möglich bis knapp unter den Rand einfüllen und sofort verschließen. Abkühlen lassen, kontrollieren, ob sich in allen Gläsern ein Vakuum gebildet hat und kühl und dunkel lagern.

Für ca. 700 ml
500 g Zwiebeln
1 unbehandelte Orange
2 EL Öl
2 Sternanis
300 g ungesüßtes Hagebuttenmark
125 ml Weißweinessig
1 EL Salz
100 g brauner Zucker oder
Einmachzucker
Muskatnuss

Zubereitung: 45 Min.
Haltbarkeit: 6–12 Monate

Hagebutten-Zwiebel-Sauce

1. Zwiebeln schälen, halbieren und würfeln. Die Orange waschen, die Schale abreiben, den Saft auspressen. Mit Öl erhitzen, die Zwiebeln darin 2–3 Min. anschwitzen. Mit Orangensaft ablöschen, 200 ml Wasser und Sternanis zugeben und Zwiebeln bei schwacher Hitze 20 Min. weich kochen.

2. Hagebuttenmark, Essig, Salz und Zucker unter die Zwiebeln rühren und 5 Min. kochen. Die Sauce mit Muskat abschmecken, Anissterne entfernen und in saubere Gläser oder Flaschen füllen.

Gute Begleiter
Hagebutten-Zwiebel-Sauce eignet sich sehr gut für Gerichte mit Geflügel oder Wildgeflügel.

Tipp

Sie können **Hagebuttenmark** auch selber herstellen (sehr aufwändig!): Am besten Handschuhe tragen, manche Menschen bekommen allergische Reaktionen. Hagebutten waschen und entstielen, Blütenansätze mit einer Schere entfernen. Hagebutten halbieren und mit einem kleinen Löffelstiel entkernen. Hagebutten knapp mit Wasser bedeckt weich kochen und mit der Kochflüssigkeit pürieren.

Für ca. 1,2 l
1/2 l Apfelsaft
400 g Zucker
2 Zimtstangen
680 g frische Cranberries
(= 2 Päckchen)
2 unbehandelte Orangen

Zubereitung: 45 Min.
Ruhezeit: mindestens 24 Std.
Haltbarkeit: 12 Monate

Cranberry-Sauce

1. Apfelsaft mit Zucker, Zimt und den Cranberries in einen Topf geben. Orangen abwaschen, die Schale fein abreiben und den Saft auspressen. Orangensaft und -schale zu den Beeren geben, zum Kochen bringen und bei mittlerer Hitze 15–20 Min. kochen, bis die meisten Beeren geplatzt sind.

2. Vom Herd nehmen und in sterilisierte Gläser oder Flaschen füllen (s. Seite 134). Mindestens 1 Tag durchziehen lassen, kühl und dunkel lagern.

Gute Begleiter
Die klassische Sauce zum Truthahn beim amerikanischen »Thanksgiving«-Essen.

Tipps

Wenn die Sauce zu dick wird, mit Apfelsaft verdünnen.
Sie können die Sauce heiß oder kalt servieren – am besten schmeckt sie, wenn sie mindestens 1 Tag ziehen kann.

Für ca. 1 l
500 g Zwetschgen oder Pflaumen
500 g Schalotten
1 TL schwarze Pfefferkörner
1 TL Koriandersamen
2–3 Knoblauchzehen
1 EL Sonnenblumenöl
2 TL Salz
100 g Honig
100 ml Rotwein
1 Lorbeerblatt
1 Zimtstange
5 EL geriebener Meerrettich

Zubereitung: 1 Std.
Haltbarkeit: 2–3 Monate

Pflaumen-Ketchup

1. Zwetschgen waschen, abtropfen lassen, halbieren und entsteinen. Schalotten schälen und in Spalten schneiden. Pfeffer und Koriandersamen im Mörser grob zerkleinern. Knoblauch schälen, in dünne Scheiben schneiden.

2. Öl erhitzen, Schalotten darin anschwitzen. Salzen und bei ganz schwacher Hitze zugedeckt 10 Min. dünsten. Dann Honig, Rotwein und Gewürze aus dem Mörser, Lorbeer und Zimt zugeben, aufkochen lassen. Zwetschgen unterrühren, 20 Min. bei schwacher Hitze einkochen lassen. Am Ende soll die Konsistenz fast marmeladenartig sein.

3. Zimt und Lorbeer entfernen. Die Zwetschgen mit Meerrettich pürieren, eventuell durch ein Sieb streichen, um die Schalen zu entfernen, und sofort in saubere Gläser oder Flaschen füllen. Verschließen und kühl und dunkel lagern – für längere Haltbarkeit können Sie die Sauce auch einkochen (s. Seite 40).

Gute Begleiter
Hervorragend zu gegrilltem oder gebratenem Wild- und Rindfleisch.

Für ca. 200 ml
100 g milde rote Peperoni
5 EL Salz
1 Knoblauchzehe
100 ml Reisessig oder Weißweinessig

Zubereitung: 20 Min.
Einweichzeit: 1 Std.
Haltbarkeit: 6 Monate

Peperonisauce

1. Peperoni waschen, grob zerkleinern und im Mörser zerdrücken, scharfe Peperoni vorher entkernen. Peperoni in 200 ml Wasser mit 4 EL Salz 1 Std. einweichen, dann abgießen.

2. Knoblauch schälen. Peperoni mit Knoblauch, 1 EL Salz und Essig sehr fein pürieren. In Fläschchen füllen und verschließen. Kühl und dunkel aufbewahren, angebrochene Flaschen in den Kühlschrank stellen.

Gute Begleiter
Diese Sauce wird in Vietnam oft benutzt, um Nudelsuppen, gebratene Nudeln oder Reis abzuschmecken. Sie eignet sich aber auch hervorragend als Dip oder Grillsauce.

Tipp

Die Qualität der Sauce hängt sehr von den Peperoni ab. Peperonisauce sollte sauer sein, nicht zu scharf und relativ salzig schmecken. Sehr scharfe Peperoni kurz in kochendem Wasser blanchieren, abgießen, kalt abschrecken und dann erst in Salzwasser legen.

Sizilianische Tomatenpaste

Für ca. 400 ml
**4 kg reife Tomaten
(z.B. Eiertomaten)
100 g Meersalz
200 ml Olivenöl**

Zubereitung: 20 Min.
Ruhezeit: mindestens 12 Std.
Garzeit: 2 Std.
Trockenzeit: 3–4 Std.
Haltbarkeit: 3–4 Monate

1. Tomaten waschen und vierteln, dabei die Stielansätze entfernen. Tomatenstücke nebeneinander auf Gitter oder Bastmatten legen, diese auf Bleche stellen. Die Tomaten sehr gleichmäßig salzen und mindestens 12 Std. stehen lassen.

2. Salzreste von den Tomaten abstreifen. Die Tomaten in einen großen, möglichst flachen Topf füllen und unter häufigem Rühren 2 Std. kochen. Tomatensauce durch ein Sieb streichen. Falls die Sauce noch sehr flüssig ist, weiterkochen, bis sie sämig ist.

3. Die Tomatenpaste auf ein emailliertes Backblech streichen und im Backofen bei 75° Umluft 3–4 Std. trocknen lassen.

4. Sobald die Paste die Konsistenz von Quark hat, mit einem Teelöffel in kleine Gläser füllen, dabei darauf achten, dass keine Luftblasen am Rand bleiben. Mit 2 cm Olivenöl bedecken und kühl und dunkel lagern.

Gute Begleiter
Mit der »Sonne im Glas« werden Suppen, Saucen und Ragouts aromatisiert. Im Gegensatz zu Tomatenmark wird die Paste nicht angebraten, sondern in etwas Flüssigkeit aufgelöst und dann zum Abschmecken in die fast fertige Sauce gegeben.

Variante

An heißen Tagen können Sie die Paste ganz original zubereiten: Das Blech mit der Paste 3–4 Tage in die Sonne stellen. Einmal täglich umrühren, damit die Paste gleichmäßig trocknet. Währenddessen mit einem Stück Mull locker bedecken. Nachts ins Haus holen, damit die Tomaten nicht feucht werden.

Tomatensauce mit Kräutern

Für ca. 1 1/2 l
**2 kg Tomaten
6–8 Knoblauchzehen
1 Bund gemischte mediterrane Kräuter (Rosmarin, Salbei und Thymian)
2 Bund Basilikum
3–4 Peperoncini
6 EL Olivenöl
Salz, Pfeffer**

Zubereitung: 40 Min.
Garzeiten: 1 Std.
Haltbarkeit: 12 Monate

1. Tomaten waschen, von Stielansätzen befreien, grob zerkleinern. Knoblauch schälen. Kräuter waschen und trockenschütteln, die Blättchen abzupfen. Knoblauch und Mittelmeer-Kräuter hacken. Peperoncini waschen und in Ringe schneiden.

2. Backofen auf 200° Grad (Umluft 180°) vorheizen. Olivenöl in einem Bräter erhitzen, Knoblauch, Kräuter und Peperoncini kurz darin anbraten, die Tomaten zugeben, kräftig mit Salz und Pfeffer würzen. Im Ofen (unten) 40 Min. garen.

3. Die Sauce aus dem Ofen nehmen, mit dem Basilikum fein pürieren und abschmecken. In gleich große Einmach-Gläser füllen, verschließen und im Topf oder im Ofen 20 Min. sterilisieren (s. Seite 110 oder 40). Kühl und dunkel lagern.

Gute Begleiter
Spaghetti, Linguine, Farfalle, Penne, Orecchiette, Tagliatelle …
Pur als Nudelsauce oder:
100 g gehackte Riesengarnelen (oder 200 g fein geschnittenen Fenchel oder 60 g feine Speckwürfel) kurz anschwitzen und während der Kochzeit der Nudeln in 400 ml Sauce garen.

Für ca. 400 ml
3 Bund Basilikum (abgezupft 100 g)
1 TL Salz
1/4 l Olivenöl

Zubereitung: 10 Min.
Haltbarkeit: 2–3 Monate

Basilikum in Öl

1. Basilikum nur falls nötig waschen, sehr gut abtrocknen, dazu erst schleudern und dann auf einem Tuch ausbreiten und einige Zeit stehen lassen. Die Blättchen abzupfen, grob hacken oder zerreißen. Mit dem Salz in ein Glas füllen und mit Öl bedecken. Kühl und dunkel lagern.

Gute Begleiter
Basilikum in Öl hält besser als fertiges Pesto. Der Knoblauch darin bekommt relativ schnell einen unangenehmen Beigeschmack. Basilikum oder Bärlauch in Öl sind aber die perfekte Grundlage für Pesto. Sie können das Basilikum (genauso pürierten Bärlauch) mit dem Öl in den Mixer geben und mit 2–4 Knoblauchzehen, 60 g Pinienkernen und 100 g Parmesan oder Pecorino pürieren, um frisches Pesto herzustellen.

Tipps

Genauso können Sie andere Kräuter mit weichen Blättern wie Estragon oder Bärlauch konservieren.
Die Kräuter halten 2–3 Monate, danach werden die Blätter leicht schleimig und unansehnlich. Wenn Sie das Öl länger lagern wollen, sollten Sie das Öl nach 4 Wochen durch ein Mulltuch oder einen Kaffeefilter gießen.

Kräuter- und Würzöle

Für **Kräuteröle** mit hartlaubigen, wasserarmen Kräutern wie Rosmarin, Salbei oder Thymian stecken Sie einfach 1 Kräuterzweig in eine Ölflasche. Das Öl immer wieder nachfüllen, so dass der Zweig bedeckt bleibt, sonst könnten die Kräuter anfangen zu schimmeln. Bei diesen Würzölen können Sie auch mit trockenen Gewürzen wie Pfeffer oder getrockneten Chilischoten, Fenchelsamen, Sternanis, Piment, Koriander oder Zimt experimentieren.

Viele **Würzöle** entstehen von selber beim Einlegen von aromatischen Früchten oder Gemüsen. Wenn Ihnen diese Öle gut schmecken, können Sie einfach etwas mehr Öl als in den Rezepten angegeben verwenden.

Zitronenöl und **Kumquatöl** entstehen beim Einlegen der Marokkanischen Salzzitronen (s. Seite 64), **Peperoniöl** bei den Sizilianischen Peperoni (s. Seite 66), **Tomatenöl** bei den Geschmorten Tomaten (s. Seite 70), **Zwiebelöl** bei den Griechischen roten Zwiebeln (s. Seite 68).

Gute Begleiter
Alle Würzöle eignen sich vor allem für Marinaden und Salate. Zum sanften Dünsten von Fisch- oder Geflügelfilets eignen sich besonders die Zitrusöle. Für starke Hitze, wie sie beim Braten entsteht, sind Würzöle jedoch nicht geeignet.

Für ca. 800 ml
3 Schalotten
2 Knoblauchzehen
2 Lorbeerblätter
5–6 Gewürznelken
1 TL Korianderkörner
1 TL Fenchelsamen
200 ml Weißweinessig
2 TL Salz, 2–3 EL Zucker
100 g gelbe Senfkörner
100 g dunkle Senfkörner

Zubereitung: 20 Min.
Quellzeit: 3 Tage
Ruhezeit: 1 Woche
Haltbarkeit: 6 Monate

Körniger Senf

1. Schalotten und Knoblauch schälen und in dünne Scheiben schneiden. Mit Lorbeer, Nelken, Koriander, Fenchel, Essig, Salz, Zucker und 200 ml Wasser in einem Topf 2–3 Min. kochen. Den Sud durch ein Sieb in eine Schüssel gießen, mit den Senfkörnern mischen. 3 Tage zugedeckt quellen lassen.

2. Die eingeweichten Senfkörner im Blitzhacker oder mit dem Pürierstab grob pürieren. In Gläser füllen, so dass keine Luftblasen im Senf sind, kühl und dunkel mindestens 1 Woche ziehen lassen.

Gute Begleiter
Hervorragend für alles Gegrillte.

Tipp

Die aromatischsten Senfsorten entstehen, wenn man die Senfkörner in einem Würzsud einweicht und nach einigen Tagen püriert. Der bekannteste Senf, der nach dieser Methode gemacht wird, ist der Dijon-Senf.
Es gibt viele Rezept-Varianten; für besonders scharfen Senf werden scharfe, braune Senfkörner verwendet – probieren Sie verschiedene Senfkörner aus und lassen Sie ruhig auch mal den Zucker weg, die anderen Mengen ändern sich dadurch nicht.

Für ca. 1/2 l
200 g feines, gelbes Senfmehl
2 Knoblauchzehen
4 Salbeizweige oder 8 Zweige
Thymian
1/4 l Sherryessig
2 TL Salz
1–2 EL Birnendicksaft (s. Seite 36),
Honig oder Puderzucker

Zubereitung: 40 Min.
Ruhezeit: 1 Woche
Haltbarkeit: 6 Monate

Feiner Senf aus Senfmehl

1. Senfmehl mit 1/4 l Wasser verrühren und 30 Min. quellen lassen. Knoblauch schälen und in Scheiben schneiden. Salbei waschen, trockenschütteln und grob zerkleinern. Knoblauch und Kräuter mit Essig, Salz und Birnendicksaft aufkochen lassen, vom Herd nehmen und 10 Min. ziehen lassen.

2. Den Essig durch ein feines Sieb abgießen und mit dem Handrührgerät unter das Senfmehl rühren, bis der Senf cremig ist. (Im Blitzhacker wird der Senf besonders fein.) In Gläser füllen, so dass keine Luftblasen im Senf sind und einige Tage durchziehen lassen. Den Senf dann kühl und dunkel aufbewahren.

Gute Begleiter
Ein klassischer feiner Senf, gut für Saucen, Würstchen oder Marinaden.

Tipp

Sie können für dieses Rezept Senfmehl oder englischen Senf (gewürztes, scharfes Senfpulver) verwenden oder die Senfkörner in einer Gewürz- oder Getreidemühle selber mahlen – frisch gemahlen behalten die Senfkörner den größten Teil ihrer ätherischen Öle.

Rollmops oder Leberwurst

Saftiges aus Fisch und Fleisch

Edle Zutaten für besondere Gerichte: Wir haben einfache, außergewöhnlich leckere Rezepte für Tunfisch, Hering und Huhn gesammelt, die jeder sofort nachkochen kann. Einige unserer persönlichen Lieblingsrezepte stehen auf den folgenden Seiten – Spaghetti mit Bolognese-Sauce aus dem wohlgefüllten Regal im Vorratskeller helfen immer, Überraschungsbesuche »mit links« zu bekochen.

Für 5 Einmachgläser à 1/4 l
1 kg Tunfisch mit Haut und Gräten
(am besten das Schwanzstück)
1 Zwiebel
2 Thymianzweige
1 TL schwarze Pfefferkörner
200 g Meersalz
1 unbehandelte Zitrone
1 Lorbeerzweig
350 ml Olivenöl

Zubereitung: 20 Min.
Garzeiten: 1 Std. 10 Min.
Ruhezeit: 2 Monate
Haltbarkeit: 12 Monate

Tunfisch in Olivenöl

1. Tunfisch in 4 cm dicke Scheiben schneiden (am besten den Fischhändler darum bitten). Zwiebel schälen und halbieren, Thymian waschen. Den Pfeffer im Mörser zerstoßen.

2. In einem mittelgroßen Topf 2 l Wasser mit dem Salz aufkochen lassen. Tunfischscheiben, Zwiebel, Thymian und Pfeffer ins Wasser legen, zum Kochen bringen und den Fisch bei ganz schwacher Hitze 40 Min. pochieren. Tunfischstücke mit einem Schaumlöffel aus dem Wasser nehmen und auf einem Gitter gut abtropfen lassen.

3. Vorsichtig die Tunfischhaut abziehen, möglichst große Filetstücke von den Gräten lösen und in die Gläser schichten. Zitrone waschen, die Schale dünn abschälen. In jedes Glas zuoberst 1 Lorbeerblatt und 1 Stück Zitronenschale legen und mit Olivenöl bedecken. Die Gläser im Backofen oder in einem Topf 30 Min. sterilisieren (s. Seite 40 oder 110). 2 Monate stehen lassen.

Varianten

Statt mit Olivenöl können Sie den Tunfisch auch mit einem neutralen Öl oder mit seinem Kochfond aufgießen und einkochen. Traditionell wird Tunfisch beim Konservieren stark gesalzen und wenig oder gar nicht gewürzt. Thymian, Pfeffer und Zitrone sind nicht unbedingt nötig. Experimentieren Sie mit Fenchelsamen, Nelken oder Kapern (in Salz) – sparsam dosieren, damit der feine Fischgeschmack sanft hervorgehoben wird. Das Lorbeerblatt im Rezept dient auch der besseren Haltbarkeit.

Fisch und Fleisch einkochen – genau erklärt

Fisch und Fleisch enthalten leicht verderbliches Eiweiß und müssen deshalb entweder innerhalb weniger Tage verzehrt oder sorgfältig eingekocht werden.
Vorbereitung: Zum Einkochen das Einmachgut in möglichst gleich große Gläser mit Gummiringen oder Schraubdeckel bis 2 cm unter den Rand füllen, den Glasrand sauber abwischen. Gummiringe 2–3 Min. in Essigwasser auskochen, in heißem Wasser nachspülen und nass auf die Gläser auflegen. Die Gläser sorgfältig verschließen.
Sterilisieren im Topf: Ein passendes Drahtgitter oder ein gefaltetes Küchentuch in einen großen Topf oder einen Einkochtopf legen, die Gläser hineinsetzen. Sie können die Gläser auch übereinander in den Topf stellen – durch Schraubdeckel oder mit Federklammern gesicherte Glasdeckel dringt kein Wasser ein. Den Topf bis knapp unter den Deckel des obersten Glases mit Wasser füllen – für heiße Gläser mit heißem Wasser, für kalte Gläser mit kaltem Wasser. Alles erhitzen. Sobald das Wasser kocht, die Hitze reduzieren, damit sich die Gläser nicht zu stark bewegen – ab diesem Zeitpunkt beginnt die Kochzeit. Je nach Rezept 30 Min.–2 Std. einkochen. Mit Einkochthermometer und Einkochtopf können Sie auch bei Temperaturen unter dem Siedepunkt einkochen; wir haben diese Möglichkeit in unseren Rezepten aber nicht berücksichtigt.

Für 1 Form mit ca. 1,6 l
**500 g kleine Sardinen (oder andere
sehr kleine Fische wie Alborelle
oder Aquadelle)**
1 l Öl zum Frittieren
100 g Mehl
1 Möhre
1 Knoblauchzehe
1 Frühlingszwiebel
1 Stängel Staudensellerie
4–6 Thymianzweige
1/2 TL schwarze Pfefferkörner
1 TL Salz
350 ml Weißweinessig
650 ml Weißwein

Zubereitung: 40 Min.
Ruhezeit: mindestens 12 Std.
Haltbarkeit: 1 Woche im Kühl-
schrank

Frittierte Sardinen in Essig und Öl

1. Die Fische waschen, abtropfen lassen und trockentupfen. Einen großen Topf ca. 4 cm hoch mit Öl füllen und erhitzen, bis an einem Holzstäbchen Blasen aufsteigen. Die Fische in wenig Mehl wenden, abklopfen und in 3–4 Portionen bei starker Hitze knusprig frittieren (je nach Größe in 3–6 Min.). Mit einem Schaumlöffel aus dem Öl nehmen und auf Küchenpapier abtropfen lassen.

2. Möhre und Knoblauch schälen und in Scheiben schneiden. Zwiebel und Sellerie waschen, putzen und in Scheiben schneiden. Thymian waschen und trockenschütteln. Pfefferkörner zerdrücken. Das Gemüse mit Gewürzen, Salz, Essig und Wein zum Kochen bringen, bei mittlerer Hitze um ein Drittel einkochen lassen.

3. Sardinen in eine tiefe Form oder ein Steingutgefäß schichten. Den heißen Sud durch ein Sieb darüber gießen, abkühlen und im Kühlschrank mindestens 12 Std. durchziehen lassen. Rechtzeitig vor dem Servieren herausnehmen, damit sie Raumtemperatur annehmen können.

Gute Begleiter
Sardinen aus der Marinade nehmen, mit Olivenöl beträufeln, mit fein gehackter Petersilie bestreuen und mit italienischem Weißbrot servieren.

Für ca. 1 kg
1 EL Fenchelsamen
1 EL schwarze Pfefferkörner
1 Bund Fenchelgrün oder Dill
**1 Tunfischfilet von ca. 1 kg
(vom Schwanzende)**
115 g Zucker
105 g grobes Salz

Zubereitung: 20 Min.
Ruhezeiten: 2 Tage
Haltbarkeit: 1 Woche im Kühl-
schrank

Marinierter Tunfisch

1. Fenchelsamen und Pfeffer im Mörser zerstoßen. Fenchelgrün waschen und trockenschütteln. Die Stiele und die Hälfte der feinen Zweige grob hacken. Fischfilet in eine möglichst schmale Schüssel legen. Gewürze und Kräuter mit Zucker und Salz mischen, auf dem Fisch verteilen. Zugedeckt 24 Std. im Kühlschrank beizen, dabei mit Folie abdecken und mit einem Holzbrettchen und einem Gewicht beschweren.

2. Den Tunfisch umdrehen, noch einmal 24 Std. marinieren.

3. Fischfilet aus der Marinade nehmen, abwaschen und mit Küchenpapier trockentupfen. Restliches Fenchelgrün fein hacken, auf dem Fisch verteilen. Den Tunfisch in Frischhaltefolie wickeln. Der gebeizte Tunfisch hält problemlos 1 Woche im Kühlschrank.

Gute Begleiter
Servieren Sie den Tunfisch wie marinierten Lachs in sehr dünnen Scheiben. Dazu passt z.B. Rucolasalat.

Tipp

Sie können auch größere oder kleinere Fischstücke marinieren, wichtig ist dabei nur, die Zucker- und Salzmengen genau umzurechnen.

Für 4 Gläser à 1/4 l:
10 Pfefferkörner
1 TL Wacholderbeeren
3 Lorbeerblätter
350 ml Apfelessig
2 saure Gurken
2 kleine Zwiebeln
6 Salzheringe, gewässert und filetiert (s. Tipp, ersatzweise Matjesheringe)
2 EL scharfer Senf
1 EL Kapern
12 kleine Holzspießchen

Zubereitung: 20 Min.
Ruhezeit: mindestens 3 Tage
Haltbarkeit: 3–4 Monate im Kühlschrank

Für 900 ml:
200 ml Weißweinessig
100 g Einmachzucker
6 küchenfertige Salzheringsfilets (s. Tipp oben, ersatzweise Matjesheringe)
4 cm frischer Meerrettich (oder 2 EL geriebener aus dem Glas)
2–4 cm frischer Ingwer (nach Belieben)
100 g Möhren
100 g rote Zwiebeln (nach Belieben)
2 EL Pimentkörner
1 EL Senfsamen
3 Lorbeerblätter

Zubereitung: 20 Min. + Abkühlzeit
Ruhezeit: 2 Tage
Haltbarkeit: 3–4 Monate im Kühlschrank

Rollmops

1. 150 ml Wasser mit Pfeffer, Wacholder und Lorbeer aufkochen und abkühlen lassen, mit Essig mischen. Gurken längs in 6 Streifen schneiden. Zwiebeln schälen und in dünne Ringe schneiden. Heringsfilets mit der Hautseite nach unten auf eine Arbeitsfläche legen, mit Senf bestreichen. Mit Gurken, Zwiebeln und Kapern belegen, zusammenrollen, mit Holzspießchen fixieren und in ein Glas schichten.

2. Heringe mit dem Essigsud begießen, im Kühlschrank durchziehen lassen. Falls die Heringe nicht ganz bedeckt sind, noch Essig zugeben.

Gute Begleiter
Zu Bauernbrot mit Butter und frischem Schnittlauch.

Norwegischer Hering (Sild)

1. Essig und Zucker mit 125 ml Wasser aufkochen und abkühlen lassen.

2. Die Heringsfilets in 2–3 cm große Stücke schneiden. Meerrettich, Ingwer, Möhren und Zwiebeln schälen und in dünne Scheiben schneiden. Fisch, Gemüse und Gewürze abwechselnd in sterilisierte Gläser schichten (s. Seite 134), mit dem Essigsud begießen. Im Kühlschrank 2 Tage ziehen lassen.

Gute Begleiter
Der Sild ist fester Bestandteil des skandinavischen »Smørgasbord«, einem Buffet mit kalten und warmen Gerichten (auf deutsch in etwa Butterbrot-Buffet).

Tipp

Salzheringe werden vor der Verarbeitung mindestens 12 Std. entsalzen. Bei manchen Fischhändlern gibt es sie küchenfertig. Sie können die Fische aber auch selber vorbereiten: Heringe abwaschen, mit einer Geflügelschere Flossen und Köpfe abschneiden, die Filets mit einem scharfen Messer von der Mittelgräte lösen. Filets 12 Std. in kaltes Wasser oder Milch legen, abwaschen, abtropfen lassen und verarbeiten.

Varianten

In allen skandinavischen Ländern gibt es viele Würzmischungen für eingelegte Heringshappen. Solange Sie die Verhältnisse für den Essig-Zucker-Sud beibehalten, können Sie mit Aromazutaten wie Dillblüten, Koriander, Chili oder Meerrettich spielen.
Beliebt sind auch Marinaden auf der Basis von Tomatenketchup: 200 g Ketchup mit 1 EL Essig, 2 EL Zucker und 3 EL Öl gut mischen, über Heringe und Gewürze gießen und einige Std. ziehen lassen. Da die Marinade nicht gekocht wird, halten diese Sild-Varianten nur 1–2 Wochen im Kühlschrank.

Für ca. 800 ml
500 g Seeteufelfilets
1 EL Salz
100 ml Zitronensaft
100 g Zwiebeln
8–10 EL Öl
2–3 Gewürznelken
1/2 Zimtstange
1 TL Koriandersamen
1/2 TL Kreuzkümmelsamen
1/2 EL gemahlene Kurkuma
5–6 EL indische Garnelensauce
(s. unten; oder 2 getrocknete Chili-
schoten, 2–3 Knoblauchzehen,
5 Pfefferkörner)

Zubereitung: 30 Min.
Ruhezeit: 2 Std.
Haltbarkeit: 3–4 Monate im Kühl-
schrank

Seeteufel-Pickles

1. Seeteufelfilets in 5 mm dicke Scheiben schneiden und mit Salz und 1 EL Zitronensaft mischen, 2 Std. ziehen lassen.

2. Fisch abtropfen lassen und mit Küchenpapier abtrocknen. Die Zwiebeln schälen und in dünne Ringe schneiden. Fisch portionsweise mit 4 EL Öl in einer beschichteten Pfanne von beiden Seiten je 1 Min. braten. Herausnehmen und abkühlen lassen. Die Zwiebeln in der Pfanne 4 Min. braten und zum Fisch geben.

3. Nelken, Zimt und die Samen in einem Topf ohne Fett 1–2 Min. unter ständigem Rühren rösten, bis sie duften. Kurkuma, Garnelensauce (oder zerkleinerte Würzzutaten), 100 ml Wasser, den restlichen Zitronensaft, Fisch und Zwiebeln zugeben, bei schwacher Hitze 5 Min. kochen, mit Salz abschmecken.

4. Einmachgläser und Deckel im Ofen sterilisieren (s. Seite 134), Fisch und Sauce in die Gläser füllen, mit dem restlichen Öl luftdicht verschließen, abkühlen lassen und im Kühlschrank lagern.

Gute Begleiter
Die Pickles schmecken lauwarm oder heiß. Mit frischen Kräutern wie Petersilie oder Koriander sind sie eine leichte Vorspeise. Mit Weißbrot oder Reis und einem frischen Salat wird daraus ein Hauptgericht.

Für ca. 800 ml
500 g rohe Shrimps ohne Schale
(oder kleine Riesengarnelen)
1 1/2 EL Salz
6–7 Knoblauchzehen
10–12 schwarze Pfefferkörner
3 getrocknete rote Chilischoten
8 EL Öl
3 EL Essig
300 ml Wodka

Zubereitung: 20 Min.
Ruhezeit: 12 Std.
Haltbarkeit: 3–4 Monate im Kühl-
schrank

Indische Garnelensauce

1. Die Shrimps längs halbieren, dunkle Därme mit einem spitzen Messer herausnehmen. Shrimps auf einem Sieb mit 1 TL Salz mischen, in einer Schüssel im Kühlschrank 12 Std. wässern.

2. Knoblauch schälen und in Stücke schneiden. Mit Pfeffer, Chilis und 1/2 EL Salz im Mörser oder im Blitzhacker fein zerkleinern. 3 EL Öl in einer großen Pfanne erhitzen, die Shrimps darin 5–6 Min. unter Rühren braten, mit Essig ablöschen und vom Herd nehmen. Shrimps mit den Gewürzen zu einer Paste zerstoßen oder mixen, dabei nach und nach den Alkohol zugeben.

3. Gläser oder kleine Flaschen im Ofen sterilisieren (s. Seite 134), die Garnelensauce einfüllen, mit dem restlichen Öl luftdicht verschließen und im Kühlschrank lagern.

Gute Begleiter
Zum Abschmecken von Currygerichten mit Meeresfrüchten, Gemüse oder Schweinefleisch. Die Sauce wird im Gericht immer noch einmal gekocht, der Alkohol verdunstet dabei.

Für ca. 2 l
60 g + 1 1/2 EL Salz
1 kg Schweinebauch
1 kg Geflügelleber
100 g Zwiebeln
1–2 Knoblauchzehen
1–2 EL Öl
1/2 Bund Thymian (oder 1 TL
getrockneter Majoran)
1/2 TL gemahlene Muskatblüte
(Macis) oder Muskatnuss
1/2 TL gemahlene Gewürznelken
1/2 TL Cayennepfeffer
1/2 TL Ingwerpulver (nach
Belieben)
Außerdem:
Fleischwolf mit mittlerer Scheibe

Zubereitung: 1 Std.
Garzeiten: 3 1/2 Std.
Haltbarkeit: 6 Monate

Achtung! Vor allem Wurst wird oft in Dosen eingekocht, hauptsächlich aus optischen Gründen. Falls sich der Deckel einer Dose während der Lagerung irgendwann nach außen wölbt, werfen Sie den Inhalt weg. Die Auslöser der so genannten »Bombagen« könnten lebensgefährliche Botulinuserreger sein.

Leberwurst

1. 2 l Wasser mit 60 g Salz zum Kochen bringen, den Schweinebauch darin 1 Std. bei schwacher Hitze kochen. Die Lebern waschen, in die Brühe geben und 10 Min. darin ziehen lassen. Schweinebauch und Lebern herausnehmen, etwas abkühlen lassen.

2. Inzwischen Zwiebeln und Knoblauch schälen, halbieren und in dünne Scheiben schneiden. Öl erhitzen, beides darin 5 Min. dünsten. Thymian waschen und trockenschütteln, die Blättchen abstreifen.

3. 500 g Schweinebauch mit der Schwarte in große Stücke schneiden und mit den Lebern und den Zwiebeln zweimal durch den Fleischwolf drehen. Restlichen Schweinebauch in möglichst kleine Würfelchen schneiden. Schweinebauch mit Thymian und den Gewürzen unter die Lebermasse rühren. 1/4 l abgekühlten Kochfond zugeben und gründlich verkneten. Die Masse einige Min. stehen lassen und dann mit 1/2 EL Salz kräftig abschmecken.

4. Die Wurstmasse in Dosen oder Gläser füllen und sofort 2 Std. einkochen (s. Seite 110). Abkühlen lassen und an einem kühlen Ort lagern.

Variante

Für eine traditionelle **Bauernleberwurst** ersetzen Sie die Geflügelleber durch Schweineleber und würzen mit 1 EL getrocknetem Majoran und 1 EL weißem Pfeffer. Am besten wird die Leberwurst, wenn Sie schlachtfrische Leber und Schweinebauch verwenden – erkundigen Sie sich bei Ihrem Metzger nach dem Schlachttag für Schweine.

Fleisch konservieren – genau erklärt

Für das Konservieren von Fleisch ist es besonders wichtig, frische, erstklassige Produkte zu verwenden und sehr sauber zu arbeiten. Wenn Sie Wurst einkochen, die Gläser nur bis zur Hälfte, höchstens bis 4 cm unter den Rand einfüllen, Wurstmassen gehen beim Einkochen stark auf. Die genaue Vorgehensweise ist auf Seite 110 beschrieben.

Dosen: Sie können auch Dosen zum Einkochen verwenden. Es gibt im Haushaltsfachgeschäft Dosen, die ähnlich wie Einkochgläser mit Gummiringen verschlossen werden, mehrfach verwendbar sind und sehr hübsch aussehen.

Würzen: Die Gewürze verlieren bei der Lagerung etwas an Aroma, deshalb Wurstmassen immer kräftig abschmecken.

Kochdauer: Wurstmassen sind besonders empfindlich und müssen deshalb besonders lange eingekocht werden, je nach Sorte zwischen 1 1/2 und 2 Std.

Was geht noch: Sie können auch Rouladen, Gulasch oder Bratenstücke in ihrer Sauce einkochen; dafür sollten diese vor dem Einfüllen knapp durchgegart sein. Die Einkochzeit beträgt hier 1/2 Std.

Für ca. 2 l
1 junge Mastente (2–2 1/4 kg)
60 g Salz
1 EL Zucker
1 kg Enten-, Gänse- oder Schweine-
schmalz
2 Knoblauchzehen
1 TL Pfefferkörner
5 Gewürznelken
3–4 Thymianzweige
100 g Schweineschmalz

Zubereitung: 1 Std.
Pökelzeit: 24 Std.
Garzeit: 80–100 Min.
Ruhezeiten: 3 Tage
Haltbarkeit: 6 Monate

Entenconfit

1. Die dicken Fettstücke vom Hals der Ente und aus dem Bauchraum entfernen und für Entenschmalz verwenden (Rezept s. rechts). Die Ente mit einer Geflügelschere in 8 Teile schneiden, alle Innereien entfernen. Die Entenstücke mit Salz und Zucker einreiben und zugedeckt 24 Std. im Kühlschrank pökeln.

2. Die Salzreste, die sich nicht gelöst haben, mit Küchenpapier abwischen, Entenstücke trockentupfen. Das Schmalz in einem Topf, in dem die Entenstücke gerade Platz haben, erhitzen, das Fleisch hineinlegen. Knoblauch mit Schale halbieren, Pfefferkörner zerdrücken, alles mit Nelken und Thymian zur Ente geben. Bei schwacher Hitze garen, bis das Entenfleisch weich und das Fett ganz klar ist, das dauert 80–100 Min.

3. Mit einem Schaumlöffel die Entenstücke aus dem Fett nehmen, das Schmalz durch ein Sieb in einen zweiten Topf gießen. Entenstücke etwas abkühlen lassen, dann das Fleisch mit der Haut in möglichst großen Stücken vom Knochen lösen. Das Entenfett noch einmal aufkochen lassen, den Boden einer Terrinenform mit etwas Schmalz ausgießen, einige Min. im Gefrierfach erstarren lassen. Das Entenfleisch so in die Terrine schichten, dass es nicht den Rand berührt, mit Schmalz aufgießen, so dass das Fleisch vollständig bedeckt ist, restliches Schmalz aufheben.

4. Am folgenden Tag das restliche Entenschmalz aufkochen lassen und in die Terrine gießen. Am dritten Tag das Schweineschmalz erhitzen und damit das Confit abschließen. Mit einem passenden Stück Pergamentpapier abdecken und den Terrinendeckel auflegen. An einem kühlen Ort lagern.

Gute Begleiter
In der Landküche wird das Confit kalt auf Bauernbrot verzehrt; in der bürgerlichen Küche wird es in etwas Schmalz sanft erhitzt und dabei angebraten und mit weißen Bohnen, Sauerampfer und Kartoffeln serviert.

Entenschmalz
Nehmen Sie bei jeder Ente oder Gans, die Sie zubereiten, die dicken Fettstücke heraus und frieren Sie diese ein, bis Sie ca. 500 g Geflügelfett gesammelt haben. Dieses Fett können Sie ohne Gewürze mit 1 Schuss Wasser in einen Topf geben und auskochen, bis das Fett klar ist. Das Schmalz eignet sich so zum Kochen.
Wenn Sie das Schmalz als Brotaufstrich verwenden wollen, lassen Sie das Fett mit 1 in feine Streifen geschnittenen Zwiebel, 1 geviertelten, dünn geschnittenen Apfel, etwas Majoran, Salz und Pfeffer aus und füllen es in Gläser ab. Das Schmalz hält sich einige Wochen im Kühlschrank.

Tipps

Wenn Sie das Confit für den baldigen Verbrauch zubereiten, können Sie die letzten beiden Schmalzschichten weglassen. Dann im Kühlschrank lagern und innerhalb von 2 Wochen verbrauchen.
Für lange Lagerung sollte die letzte Schicht aus Schweineschmalz sein. Schweineschmalz reißt nicht und bildet so einen besonders sicheren Luftabschluss.

Für ca. 1,1 l:
**600 g gemischte getrocknete und
kandierte Früchte (z.B. Aprikosen,
Zitronat und Rosinen)
2 unbehandelte Orangen
5 cm frischer Ingwer
100 g brauner Zucker
4 El Orangenlikör
1/2 l Weinbrand oder Rum
1 TL Lebkuchengewürz
1 TL Salz
200 g mageres Rinderhackfleisch
2 EL Öl
1 Apfel (z.B. Boskop oder Cox
orange)
150 ml Apfelsaft**

Zubereitung: 1 Std.
Quellzeit: 12 Std.
Ruhezeit: 1–2 Wochen
Haltbarkeit: 12 Monate

Englisches Mincemeat

1. Alle Trockenfrüchte grob hacken, in eine Schüssel geben. Orangen waschen, die Schalen abreiben, den Saft auspressen, beides zu den Früchten geben. Ingwer schälen und fein reiben. Mit Zucker, Orangenlikör, 300 ml Weinbrand, Lebkuchengewürz und Salz zu den Früchten geben. Zudecken und über Nacht quellen lassen.

2. Das Hackfleisch mit 2 EL Öl 15 Min. dünsten, bis es gar ist und die austretende Flüssigkeit völlig verdunstet ist. Inzwischen den Apfel schälen und grob raspeln, mit den Früchten und dem Apfelsaft zum Fleisch geben, 5 Min. kochen.

3. Das Mincemeat in sterilisierte Gläser (s. Seite 134) bis 2 cm unter den Rand einfüllen, mit dem restlichen Weinbrand aufgießen und kühl und dunkel lagern.

4. Das Mincemeat vor der Verwendung mit 125 g weicher Butter verkneten.

Gute Begleiter
Mincemeat wird als Füllung für Bratäpfel oder gedeckte Mürbteig-Pies verwendet.

Für ca. 2 1/2 l
**100 g Zwiebeln
100 g Möhren
100 g Staudensellerie
4–5 Knoblauchzehen
100 g geräucherter Bauchspeck
je 2 Zweige Rosmarin, Salbei und
Thymian
4–6 EL Olivenöl
1 kg Hackfleisch (s. Tipp)
1/4 l Rotwein
Salz, Pfeffer
1/2 l Brühe
1 1/2 kg geschälte Tomaten (frisch
oder aus der Dose)**

Zubereitung: 40 Min.
Garzeiten: 2 Std.
Haltbarkeit: 6 Monate

Hackfleischsauce

1. Gemüse und Knoblauch schälen und fein würfeln. Den Speck fein würfeln. Die Kräuter waschen, trockenschütteln und hacken.

2. 2 EL Öl in einer großen Pfanne erhitzen, das Hackfleisch darin in 2–3 Portionen 6–8 Min. braten und rühren, bis es krümelig wird und beginnt, braun zu werden. In die letzte Pfanne, kurz bevor das Fleisch fertig ist, Kräuter, Gemüse, Knoblauch und Speck geben und 1–2 Min. mitbraten. Mit etwas Rotwein ablöschen.

3. Alles in einen Topf geben, den Wein vollständig einkochen lassen, dabei nach und nach weiteren Wein zugeben, immer wieder einkochen lassen. Sobald der Wein verbraucht ist, mit Salz und Pfeffer würzen, Brühe und Tomaten dazugeben und zugedeckt bei schwacher Hitze 1 Std. schmoren.

4. Die fertige Sauce abschmecken – nicht zu kräftig, die Sauce wird beim Einkochen weiter konzentriert – und in Einmachgläser füllen. 45 Min. sterilisieren, abkühlen lassen, kühl und dunkel lagern.

Gute Begleiter
Nudeln! Am besten eine Sorte, die die Sauce gut aufnimmt, wie z.B. Penne rigate oder Farfalle.

Tipp

Jedes Hackfleisch ist geeignet. Probieren Sie doch mal Lammhack, das können Sie aus einem Stück Lammschulter mit dem Fleischwolf leicht selber machen. Auch gehackte Riesengarnelen sind geeignet!

Für ca. 1 l
**500 g Fleisch vom Schweinskopf
(oder Kalbskopf; beim Metzger
vorbestellen)
5 EL Salz
1/2 l Reis- oder Weißweinessig
50 g Zucker
1 Knoblauchzehe
7 cm frischer Ingwer
1 milde rote Chilischote
1 TL schwarze Pfefferkörner**

Zubereitung: 20 Min.
Garzeit: 45 Min.
Ruhezeit: 4 Std.
Haltbarkeit: 2 Wochen im Kühl-
schrank

Mariniertes Schweinefleisch

1. Das Fleisch in 2 l Wasser mit 4 EL Salz in 45 Min. weich kochen. Essig, Zucker und 1 EL Salz aufkochen und abkühlen lassen.

2. Inzwischen Knoblauch und Ingwer schälen. Knoblauch in dünne Scheiben schneiden, Ingwer hacken. Chili waschen und in Ringe schneiden. Pfefferkörner im Mörser zerstoßen.

3. Fleisch aus dem Sud nehmen und in 3 cm große Würfel schneiden. Mit der Essigmarinade und den Gewürzen in ein Glas füllen, verschließen und einige Std. durchziehen lassen – im Kühlschrank hält das Fleisch 1–2 Wochen. Sie können den marinierten Schweinskopf auch in kleinen Gläsern 40 Min. einkochen (s. Seite 110), dann hält er sich einige Monate.

Gute Begleiter
Zum Servieren die Fleischstücke leicht erwärmen, in Scheiben oder Streifen schneiden und mit etwas Marinade und Koriandergrün als Vorspeise servieren.

Für 5 Einmachgläser à 1/4 l
**1 1/2 kg Hähnchenkeulen
1 EL Salz, Pfeffer
2 EL Olivenöl
2 Zwiebeln
150 g Möhren
1 kleine Stange Lauch
1 Stängel Staudensellerie
2 Petersilienstängel
3 Thymianzweige (oder 1/4 TL
getrockneter Thymian)
2 Lorbeerblätter
300 ml Weißwein
300 ml Weißweinessig
1 unbehandelte Zitrone**

Zubereitung: 40 Min.
Garzeiten: 1 1/2 Std.
Haltbarkeit: 3–4 Monate

Südamerikanisches Huhn

1. Hähnchenkeulen im Gelenk durchschneiden, mit Salz und Pfeffer kräftig würzen. Öl in einer großen Pfanne erhitzen und die Keulen darin auf der Hautseite bei mittlerer Hitze in 10 Min. goldbraun braten.

2. Inzwischen Zwiebeln und Möhren schälen und in Scheiben schneiden. Lauch gründlich waschen, putzen und in Ringe schneiden. Sellerie waschen und in dünne Scheiben schneiden. Die Kräuter waschen.

3. Hähnchenkeulen wenden, Gemüse, Kräuter und Lorbeer auf die Keulen legen, Wein, Essig und 300 ml Wasser angießen. Alles bei schwacher Hitze zugedeckt 30 Min. schmoren.

4. Die Knochen aus den Hähnchenstücken ziehen, das Fleisch mit dem Gemüse in die Gläser verteilen. Die Zitrone waschen und in dünne Scheiben schneiden. In jedes Glas 2–3 Zitronenscheiben legen, mit dem Sud begießen und 1 Std. einkochen lassen (s. Seite 110). Kühl und dunkel lagern. Nicht eingekocht hält sich das Huhn im Kühlschrank 2 Wochen.

Gute Begleiter
Kalt mit Brot, erwärmt mit Kartoffeln servieren.

Was Sie wissen müssen

Husch, husch ins Gläschen

Wenn Sie wissen möchten, warum manche Arbeits-
schritte wichtig sind oder wenn Sie selbst Rezepte
entwickeln: Hier finden Sie alles über die wichtigsten
Zubereitungsarten und die Wirkung von Salz, Essig
und Co. In diesem Kapitel stehen Informationen über
Gelierzucker, Gläser sowie eine Zusammenstellung
nützlicher Küchengeräte. Und falls doch einmal etwas
schief geht, haben wir ein paar Tipps zur Pannenhilfe
gesammelt.

Saisonkalender
für heimisches Obst und Gemüse

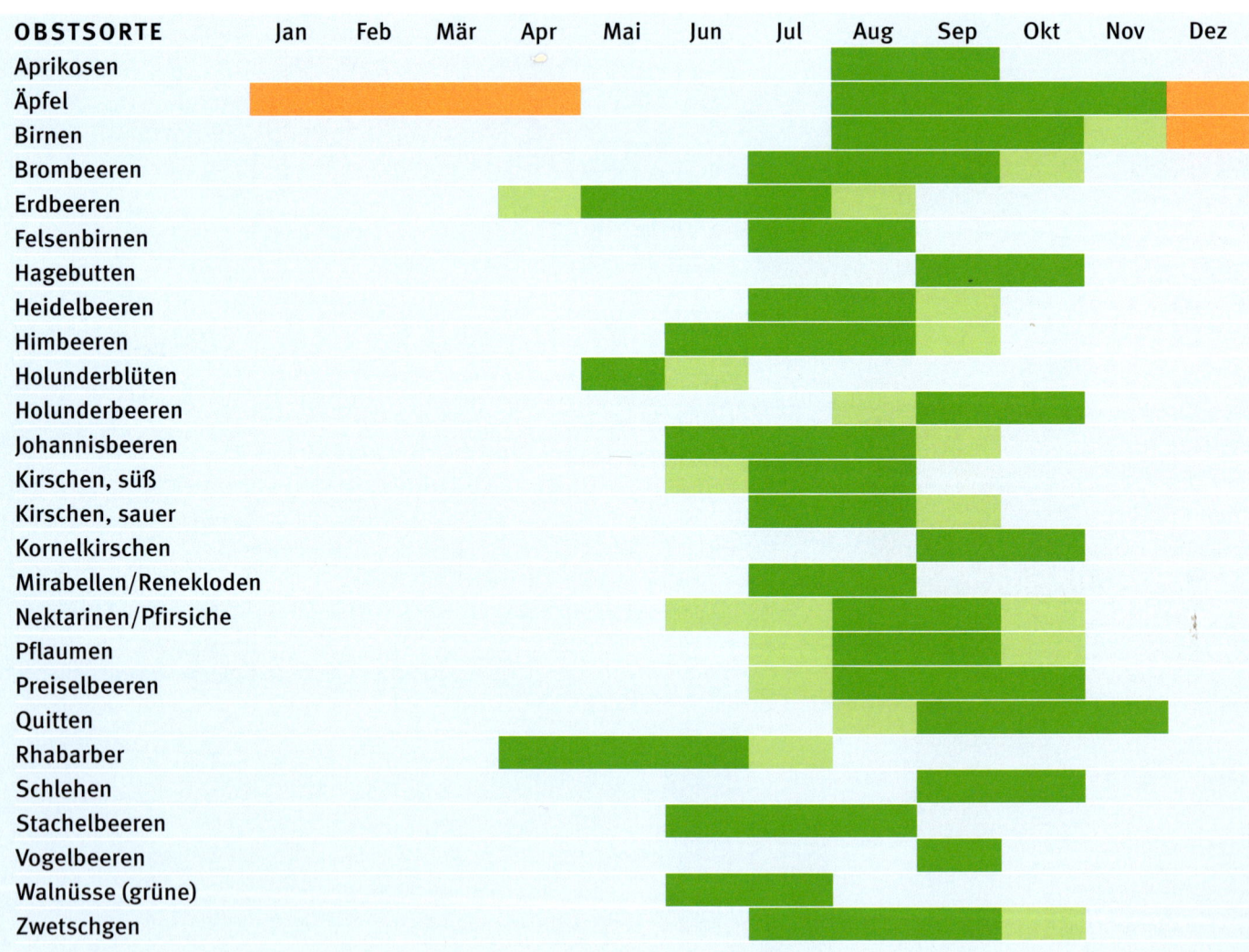

OBSTSORTE	Jan	Feb	Mär	Apr	Mai	Jun	Jul	Aug	Sep	Okt	Nov	Dez
Aprikosen												
Äpfel												
Birnen												
Brombeeren												
Erdbeeren												
Felsenbirnen												
Hagebutten												
Heidelbeeren												
Himbeeren												
Holunderblüten												
Holunderbeeren												
Johannisbeeren												
Kirschen, süß												
Kirschen, sauer												
Kornelkirschen												
Mirabellen/Renekloden												
Nektarinen/Pfirsiche												
Pflaumen												
Preiselbeeren												
Quitten												
Rhabarber												
Schlehen												
Stachelbeeren												
Vogelbeeren												
Walnüsse (grüne)												
Zwetschgen												

■ Hauptangebot aus heimischem Freiland   ■ Geringes Angebot   ■ Lagergemüse/-obst

GEMÜSESORTE	Jan	Feb	Mär	Apr	Mai	Jun	Jul	Aug	Sep	Okt	Nov	Dez
Chinakohl												
Einlegegurken												
Fenchel												
Grüne Bohnen												
Kürbis												
Lauch												
Meerrettich												
Möhren												
Peperoni												
Pilze (Waldpilze)												
Radieschen												
Rettich												
Rote Bete												
Rotkohl												
Staudensellerie												
Teltower Rübchen												
Tomaten												
Weißkohl												
Zucchini												
Zwiebeln												

Saisongerecht einkaufen

Jedes Obst und jedes Gemüse hat seine Saison! Während der heimischen Erntezeiten sind Qualität, Frische und Preis am besten. Kochen Sie Konfitüren, Kompotte oder Pickles während der Saison, dann schmecken sie auch nach längerer Zeit noch sehr gut.

Früchte der Saison benötigen keine Energie zum Beheizen von Gewächshäusern. Die Pflanzen sind auf natürliche Weise stabil, gesund und aromatisch. Obst und Gemüse werden in optimalem Reifezustand gepflückt und kommen sehr frisch auf den Markt. Und: Sie müssen nicht weit transportiert werden.

Achten Sie beim Einkauf darauf, dass Früchte und Gemüse sauber und frisch aussehen, dass sie keine Druckstellen oder Verletzungen haben und gut riechen. Die beste Kontrolle über die Qualität haben Sie natürlich, wenn Sie Obst und Gemüse im eigenen Garten anbauen können. Achten Sie besonders darauf, nur einwandfreie Zutaten zu ernten, um keine Schimmelpilze oder Fäulnisbakterien aus überreifen Früchten oder Fallobst in Ihre Konfitüren und Konserven »einzuschleppen«.

Einmachen – die Freude an der Vielfalt

Früher war der wichtigste Zweck des Einmachens, Nahrungsmittel aus dem Sommer und Herbst für die Wintermonate haltbar zu machen oder große Mengen von reifen Früchten und Gemüse für Markt oder Vorratskammer vorzubereiten. Für die meisten von uns – ob Gartenbesitzer oder nicht – ist das schönste am Einmachen heute, die Vielfalt der Geschmäcker zu genießen und lustvoll mit den möglichen Kombinationen zu experimentieren.

Verschiedene Methoden

Um Obst, Gemüse oder Fleisch haltbar zu machen, müssen Sie die Mikroorganismen in den Lebensmitteln daran hindern, sich so zu vermehren, dass die Lebensmittel verderben. Das wird in vielen Fällen durch einen hohen Zucker- oder Salzgehalt, durch Säure oder durch Luftabschluss erreicht.

Konservieren mit Salz

Salz entzieht Lebensmitteln Wasser und damit Schimmelpilzen und Fäulnisbakterien die Lebensgrundlage. Mit hohen Salzkonzentrationen kann man fast alles haltbar machen. In allen Kulturen gibt es traditionelle Konservierungsmethoden mit Salz, vor allem für eiweißhaltige Produkte. **Fische** werden eingesalzen (Salzheringe, Sardellen) oder gesalzen und geräuchert (Lachs, Sprotten) oder mit Salz fermentiert und dann zu Fischsauce verarbeitet. **Fleisch** wird ebenfalls oft gesalzen und getrocknet (luftgetrocknete Schinken, getrocknetes Rindfleisch) oder geräuchert (Schinken, Würste). Oft werden dabei noch Zutaten wie Natriumnitrit verwendet, die Farbe und Haltbarkeit verbessern sollen.

Alle diese Rezepte sind an sich einfach, aber langwierig und sehr an die speziellen klimatischen Bedingungen ihrer Ursprungsländer gebunden.

Konservieren mit Zucker

Kleine Mengen Zucker fördern das Wachstum vieler Mikroorganismen. Manchmal ist das erwünscht, wenn z.B. Hefepilze den Kuchenteig luftig und locker machen. Alles, was wir einmachen, soll jedoch nicht luftig und locker sein, sondern sich auch bei längerer Lagerung möglichst wenig verändern. Durch größere Zuckermengen wird, wie beim Salz, Flüssigkeit gebunden – unerwünschte Mikroorganismen »verdursten«.

Konservieren mit Säuren

Je saurer eine Flüssigkeit ist, desto weniger Keime überleben.

Zitronensaft: Bei Konfitüren wird außer bei sehr sauren Früchten wie roten Johannisbeeren immer etwas Zitronensaft zugegeben, weniger zur Konservierung, als um den Geliervorgang zu unterstützen.

Essig: Gemüse lässt sich am einfachsten mit Essig (zwischen 4 % und 6 % Essigsäure) haltbar machen, meistens werden die Gemüse aber zusätzlich gekocht und es wird Zucker oder Salz zugegeben (reine Essigkonserven schmecken zu sauer). Verwenden Sie guten Essig, billige Sorten schmecken eher scharf als aromatisch.

Milchsäuren entstehen bei der Fermentation von Sauerkraut und anderen Gemüsen. Früher war diese Art der Haltbarmachung bei uns am gebräuchlichsten. Essig wurde höchstens dem fertigen Gemüse zugesetzt, um die Fermentationsprozesse abzubrechen und die sauren Gurken oder anderen Gemüse transport- bzw. marktfähig zu machen.

Konservieren mit Ölen und Fetten

Öl konserviert nicht im strengeren Sinne, es sorgt aber für einen dichten Luftabschluss im Glas. Dabei entstehen oft aromatische Würz-Öle, wie Zitronen- oder Peperoniöl. Dunkel lagern, damit die Öle nicht vorzeitig ranzig werden!

Lorbeerblätter enthalten konservierende Stoffe. Deshalb bilden sie oft die oberste Schicht mancher Konserven.

Grundzubereitungen

Konfitüren, Gelees und Marmeladen
werden mit einem hohen, konservierenden Zuckeranteil gekocht und heiß in Gläser gefüllt (s. Seite 96). Das Pektin aus Früchten und Gelierzucker bindet die Flüssigkeit und lässt die Konfitüren gelieren. Durchs Kochen werden die meisten Keime in den Früchten getötet. Durchs heiße Einfüllen entsteht ein Vakuum im Glas, was die Gläser dauerhaft abdichtet.

Fruchtkompotte, -muse und -sirups
sind weich oder sogar flüssig. Wenn der Zuckergehalt hoch ist, können Sie die Früchte ebenfalls heiß in Gläser füllen. Bei geringem Zuckergehalt sollten Sie Kompotte zusätzlich im Glas sterilisieren (s. Seite 40 und 110). Besonders bei größeren Fruchtstücken wie Birnenhälften oder Rhabarberstängeln ist es wichtig, die Früchte vollständig durchzugaren, damit sie nicht im Glas gären.

Pikante Konserven
enthalten Salz, Zucker, Essig und Öl. Gemüse und pikant eingelegte Früchte werden meistens mit einer Kombination von konservierenden Maßnahmen haltbar gemacht: Salz, Zucker und Essig sind für Konservierung und den besonderen Geschmack dieser Rezepte verantwortlich. Eine dünne Schicht Öl über dem Einmachgut sorgt oft für zusätzlichen Luftabschluss. Manchmal hilft es, ein frisches Lorbeer- oder Weinblatt ins Glas zu klemmen, damit das Einmachgut nicht nach oben steigt.

**Chutneys, Relishes, Saucen
und Würzpasten**
werden genauso wie traditionelle pikante Konserven konserviert. Viele dieser Zubereitungen sind süß-sauer, Zucker und Essig oder Zitrussäfte spielen hier eine größere Rolle.

Sauerkraut und Saure Gurken
werden durch Fermentation gesäuert. Da es sich bei der Milchsäuregärung um einen natürlichen Konservierungsprozess handelt, ist es wichtig für einen guten Gärverlauf, Gemüse mit einer intakten Mikrofauna ohne Rückstände von Spritzmitteln zu verwenden. Bio-Gemüse oder wenig behandeltes Gemüse aus dem eigenen Garten sind am besten geeignet.
Wichtig: Das Salz sollte nicht jodiert sein, da auch Jod die Fermentation behindern kann.

Fleisch und Fisch
enthalten leicht verderbliches Eiweiß und müssen deshalb besonders sorgfältig, teilweise sehr aufwändig, konserviert werden. Wir haben einige einfache Rezepte ausgesucht, die uns besonders gut gefallen.

Wie wird die Konfitüre fest?

Der Geliervorgang

In Früchten sind Pektin und Fruchtsäuren enthalten; zusammen sorgen sie beim Einkochen von Konfitüren und Gelees für die gewünschte Bindung. Bis der Geliervorgang abgeschlossen ist, kann es vor allem bei Gelees einige Tage dauern; bewegen Sie darum in den ersten Tagen die Gläser möglichst wenig, schütteln Sie auf keinen Fall gerade erst abgekühlte Gläser mit Gelee.

Manche Früchte enthalten viel Pektin und Fruchtsäuren, z.B. rote Johannisbeeren oder Preiselbeeren; andere weniger, z.B. Erdbeeren oder Holunder. Bevor es Gelierzucker gab, musste man deshalb sehr darauf achten, weniger gut gelierende Früchte mit sehr gut gelierenden zu kombinieren, um perfekte Konfitüren zu erhalten. Heute kann man Gelierzucker oder andere Gelierhilfen verwenden und Früchte mehr unter geschmacklichen Gesichtspunkten kombinieren. Etwas frischer Zitronensaft kommt trotzdem oft dazu, das unterstützt den Geliervorgang und gibt den Konfitüren einen frischen Geschmack.

Gelierzucker und -hilfen

Einmachzucker/-raffinade

enthält kein Pektin. Er ist etwas grobkörniger als Feinzucker und entwickelt deshalb beim Einkochen besonders wenig Schaum. Falls Sie keinen Einmachzucker bekommen, können Sie auch Haushaltszucker verwenden. Aus gut gelierenden Früchten (s. links) können Sie mit Einmachzucker und etwas Zitronensaft Konfitüren kochen (s. Seite 16).

Gelierzucker 1plus1

Der Klassiker: 1 Teil Obst wird mit 1 Teil Gelierzucker eingekocht. Er enthält neben Zucker Zitronensäure sowie Pektine als Geliermittel. Die Kochzeit beträgt nur einen Bruchteil der Kochzeiten mit Einmachzucker, dadurch bleibt der Fruchtgeschmack besonders gut erhalten. Die Mischung 1plus1 ist besonders geeignet für säuerliche Früchte und Früchte mit empfindlichen Farbstoffen wie Erdbeeren.

Gelierzucker 2plus1

Er ist für besonders fruchtige Konfitüren sehr beliebt: 2 Teile Frucht werden mit 1 Teil Gelierzucker eingekocht. Er enthält neben Zucker, Zitronensäuren und Pektinen auch noch Sorbinsäure, um die Konservierung durch den Zucker zu unterstützen.

Gelierzucker 3plus1

Diese Zuckersorte bringt am meisten Fruchtgeschmack. 3 Teile Frucht werden mit 1 Teil Gelierzucker eingekocht. Er enthält ebenfalls Zitronensäure, Pektine und Sorbinsäure.

Diät Gelier Fruchtzucker

Dieser Gelierzucker enthält neben Zitronensäure, Pektinen und Sorbinsäure nur Fruchtzucker und ist daher auch für Diabetiker geeignet. Es werden knapp 3 Teile Frucht mit 1 Teil Gelierzucker eingekocht.

Tipp

Wir haben unsere Rezepte mit den Gelierzuckern von Südzucker getestet. Wenn Sie Geliermittel oder -zucker von anderen Herstellern verwenden, beachten Sie bitte die Packungsangaben, es können sich Unterschiede in den Frucht- und Zuckermengen ergeben.

Die sicherste Gelierprobe

Nehmen Sie kurz vor Ablauf der Kochzeit den Kochlöffel oder Besen aus der kochenden Konfitüre und lassen Sie die heiße Masse abtropfen. Wird der letzte Tropfen fest, so wird auch die Konfitüre fest. Andernfalls verlängern Sie die Kochzeit um 1–2 Min.

In vielen Rezepten wird empfohlen, einen Löffel Konfitüre auf einen kalten Teller zu geben und dann nach kurzer Zeit die Festigkeit der Konfitüre zu prüfen. Diese Methode funktioniert auch, dauert aber länger – das heißt, die Konfitüre kocht zu lange.

Tipp

Falls Sie einmal eine Teilmenge aus einem Gelierzuckerpaket entnehmen müssen: das ganze Paket in eine Schüssel leeren, umrühren (um die Bestandteile gleichmäßig zu verteilen) und die benötigte Menge abwiegen. Den Rest zurück in die Packung schütten.

Konfitüren und Gelees füllen Sie sicher mit einem Einfülltrichter ins Glas. Genauso gut sind Messbecher mit Ausgießer geeignet, um das Einmachgut tropfenfrei umzufüllen.

Gelierpulver

werden auf der Basis von Pektinen, Fruchtsäuren und Traubenzucker hergestellt. Das gewünschte Süßungsmittel gibt man nach Geschmack extra dazu. Wie Gelierzucker gibt es die Gelierpulver in den Verhältnissen 1:1, 2:1 und 3:1. Gelierpulver im Verhältnis 3:1 können Sie auch mit Fruchtzucker verarbeiten, um damit für Diabetiker geeignete Konfitüren zu kochen.

Apfelpektin

wird aus Äpfeln gewonnen und ist flüssig oder als Pulver in Reformhäusern und Bioläden erhältlich. Die Zuckermengen können Sie nach Geschmack bestimmen, das Pektin wird nach Packungsangabe dosiert. **Wichtig:** Beachten Sie die kürzere Haltbarkeit von Konfitüren mit sehr geringem Zuckeranteil.

Pflanzliche Bindemittel

Mit Agar-Agar oder Johannisbrotkernmehl kann man Brotaufstriche ebenfalls eindicken. Der Geliervorgang ist aber ein völlig anderer. Von den pflanzlichen Bindemitteln ist Agar-Agar am weitesten verbreitet. Es wird aus Rotalgen gewonnen und eignet sich v. a. als vegetarischer Ersatz für Gelatine. Agar-Agar wird mit Flüssigkeit kurz gekocht und geliert beim Erkalten. Beachten Sie bei der Dosierung sehr genau die Packungsangaben, schon kleine Unterschiede ergeben manchmal eine ganz andere Konsistenz.

Alternative Süßmittel

Brauner Zucker wird aus Zuckerrüben hergestellt, **Roh-Rohrzucker** wird aus Zuckerrohr gewonnen. Beide Zuckersorten können Sie fast wie Einmachzucker verwenden. Dabei sollten Sie darauf achten, dass der Zucker Aroma und Farbe von zarten Früchten nicht überdeckt. Besonders geeignet sind beide Zuckersorten für pikante Rezepte.

Honig, Dicksaft und **Zuckerrübensirup** sind nur bedingt zum Einmachen geeignet, weil alle drei sich geschmacklich nur schwer kombinieren lassen. Vor allem Zuckerrübensirup hat ein angenehmes, aber sehr dominantes Aroma. Sie können aber durchaus mit diesen Süßmitteln experimentieren – ein Chutney mit Roten Beten und Zuckerrübensirup schmeckt hervorragend, die Kombination von Pflaumen und Honig ist ebenfalls sehr lecker. Für Brotaufstriche können Sie diese Süßmittel zusammen mit Gelierpulvern verwenden, bitte beachten Sie die Packungsangaben.

Glasklar: Die besten Behälter

Twist-off-Gläser
Gläser mit Schraubdeckeln (gibt's auch mit Vakuum) sind universell nutzbar.
Schraubdeckel: Es gibt einteilige und zweiteilige. Bei den zweiteiligen können Sie den dichtenden Teil des Deckels austauschen. Die Dichte der gefüllten Gläser lässt sich genauso einfach kontrollieren wie bei Einmachgläsern.
Neue Deckel: Kaufen Sie für gebrauchte Twist-off-Gläser neue Deckel. Deren Größen sind genormt, es gibt sie einzeln im Haushaltswarenhandel. Dann schließen die Gläser wieder dicht und die feine Konfitüre schmeckt später nicht nach Leberwurst.

Einmachgläser mit Gummiringen
Es gibt zwei Systeme: mit Federklammern oder mit Schnappverschluss. Beide sind nur fürs Einkochen geeignet, beim Heiß-Einfüllen bildet sich oft kein ausreichendes Vakuum.

Einfüllen
In den Rezepten ist meist angegeben, wie viel Einmachmasse insgesamt entsteht. So können Sie Gläser aus Ihrem Bestand nutzen (Füllmengen einfach addieren) und sind nicht auf bestimmte Größen angewiesen.
Zum Heiß-Einfüllen (s. Seite 96) Twist-off-Gläser sterilisieren (s. Kasten), mit dem heißen Einmachgut randvoll füllen und sofort verschließen.
Zum Einkochen (s. Seite 40) reicht es, die Gläser mit sehr heißem Wasser auszuspülen. Danach die Gläser nicht ganz voll füllen (je nach Rezept 1–4 cm unter den Rand), sonst tritt während des Einkochens zu viel Einkochgut aus und verschmutzt dabei die Dichtung.

Ist das Glas dicht?
Beim Abkühlen bildet sich unter dem Deckel ein Unterdruck, der die Gläser dauerhaft verschließt. Ob Twist-off-Gläser richtig zu sind, können Sie auf drei Arten feststellen:

Gläservielfalt: Klein oder groß, rund oder eckig – benutzen Sie zum Einfüllen, was Sie da haben und was Ihnen gefällt.

› **»Klick-Geräusch«:** Das entsteht beim Abkühlen, wenn sich der Deckel nach unten wölbt.
› **Vakuum:** Der angesaugte Deckel ist nach unten gewölbt.
› **Schraubtest:** Sie probieren ganz vorsichtig (!), ob sich der Deckel leicht abschrauben lässt – spüren Sie einen Widerstand, dann ist das Glas zu.
› **Dichtetest beim Einmachglas:** Nehmen Sie die Klammern oder Schraubringe vom abgekühlten Glas ab oder lösen Sie den Schnappverschluss.

Heben Sie das Glas an den Deckelrändern mit den Fingerspitzen etwas hoch. Das Vakuum muss das Gewicht aushalten.

Flaschen
gibt es mit Schraubdeckel und mit Schnappverschluss plus Gummidichtung. Sie werden wie die entsprechenden Gläser gehandhabt.

Dosen
Infos hierzu finden Sie auf Seite 118.

Gläser sterilisieren

Im Backofen: Gläser bei 120° (100° Umluft) mindestens 10 Min. sterilisieren. Das ist wirkungsvoller und einfacher, als die Gläser heiß auszuspülen bzw. auszukochen. Deckel von Twist-off-Gläsern und Gummis von Einmachgläsern sterilisieren Sie währenddessen in kochendem Wasser, damit sie nicht zu sehr austrocknen.
In der Mikrowelle: Optimal fürs schnelle Einkochen von kleinen Mengen: Die Gläser mit Wasser füllen und in der Mikrowelle einmal aufkochen lassen.
Wichtig: Das heiße Füllgut muss möglichst sofort in die sterilisierten Gläser gefüllt werden (Handschuhe oder Topflappen verwenden!). Wenn die Masse noch ein bisschen braucht, lassen Sie die Gläser einfach im Ofen stehen.

Praktische Küchenhelfer

Wenn Sie nur ab und zu einkochen, benötigen Sie wahrscheinlich keine neuen Geräte und Utensilien. Wichtig sind eine Waage, ein Sieb und ein großer Topf. Wenn Sie jedoch häufiger einkochen, gibt es einige Geräte, die die Arbeit sehr erleichtern.

Dampfentsafter sind sehr praktisch, um größere Fruchtmengen unkompliziert zu entsaften. Im Allgemeinen besteht er aus drei Teilen: dem Wassertopf, in dem Wasser kocht und den Dampf erzeugt, der durch die Früchte im Fruchtkorb aufsteigt, kondensiert und sich dann als Fruchtsaft im Saftbehälter sammelt.

Einfülltrichter haben große Öffnungen, die das schnelle und saubere Befüllen der Gläser erleichtern.

Entsteiner sind hilfreich zum Entsteinen von Kirschen und Zwetschgen – es geht aber auch mit dem Messer.

Gärtöpfe aus Steinzeug gibt es ab 7 1/2 l Größe (eine gute Größe für einen 2–4-Personen-Haushalt). Für Sauerkraut und Ähnliches sind diese Gefäße mit Wasserrinne und Beschwerungsstein unverzichtbar (s. Bild Seite 137).

Glasheber ist ein zangenartiges Gerät zum Herausheben von Einmachgläsern aus dem heißen Wasser – eine sehr gute Erfindung zum Schutze Ihrer Finger!

Haushaltswaagen sollten möglichst genau sein, für Mengen bis 2 kg sind Digitalwaagen sicher am besten geeignet. Achten Sie darauf, dass die Waage vor dem Wiegen auf null gestellt ist.

Kurzzeitwecker helfen beim perfekten Kochen von Konfitüren und anderen Brotaufstrichen, am besten geeignet sind Modelle mit Sekundenanzeige.

Mörser sind wichtig für die Herstellung von Gewürzpasten oder -pulvern – je schwerer, desto besser!

Passiergeräte (»**Flotte Lotte**«) entfernen Häute und Kerne aus Frucht- oder Gemüsepürees. Sie können solche Pürees auch mit einem Gummischaber durch ein Sieb streichen, das dauert aber und ist mühsam.

Passiertücher gibt es im Haushaltswarenhandel. Durch sie wird (im Topf gekochter) Fruchtsaft für Gelee abgegossen. Statt einem Passiertuch können Sie auch ein Geschirrtuch verwenden, das nicht zu dicht gewebt sein darf.

Pürierstab, Mixer oder Blitzhacker Eines dieser Geräte braucht man immer, nicht nur beim Einmachen.

Ein Sieb wird benötigt zum Abtropfen und Durchpassieren.

Teefilter aus Papier mit kleinen Verschluss-Klammern sind perfekt, um Gewürze, die später wieder entfernt werden, mit anderen Zutaten zu kochen. Demselben Zweck dienen auch Teeeier und spezielle Säckchen aus Nessel oder Mull.

Tellerbesen oder Kochlöffel benötigen Sie zum Rühren. Beides funktioniert, mit dem Tellerbesen setzen zuckerhaltige Flüssigkeiten nicht so leicht am Topfboden an.

Töpfe – einerseits zum Kochen von Konfitüre oder Gelee. Andererseits zum Sterilisieren, also Einkochen von befüllten Gläsern.
Für beides ist jeder große Topf (6–8 l Fassungsvermögen) geeignet. Es gibt auch spezielle, sehr große Einkochtöpfe mit Einlegerost und Thermometer oder sogar herdunabhängiger Thermostat-Steuerung.

Arbeitserleichterung: Passiergeräte wie die »Flotte Lotte«, Einfülltrichter, Glasheber und Tellerbesen erleichtern viele wichtige Handgriffe beim Einkochen.

Gut aufbewahrt – lange haltbar

Jedes Einmachgut sollte kühl, dunkel und trocken aufbewahrt werden. Ein kühler Vorratskeller ist hervorragend, aber nicht unbedingt nötig. Lagern Sie Ihre Einmach-Schätze nicht in der Küche, da sind die Temperaturschwankungen zu groß. Eine Abstellkammer oder eine Ecke im Schlafzimmerschrank sind meistens gut geeignet. Nur Weniges muss im Kühlschrank gelagert werden. Sobald Sie aber ein Glas geöffnet haben, sollten Sie es im Kühlschrank aufbewahren und bald verbrauchen.

Die in den Rezepten angegebenen Haltbarkeiten sind immer Mindestzeiten. Viele eingemachte Früchte und Gemüse schmecken aber, trotz längerer Haltbarkeit, in den ersten Monaten am besten. Manche Früchte wie Erdbeeren oder Pflaumen verändern im Laufe der Zeit ihre Farbe – kochen Sie darum nur so viel ein, wie Sie bis zur nächsten Saison verbrauchen werden. Sauber verarbeitet und unter guten Bedingungen gelagert hält manches erstaunlich lange: Als junger Koch in einem der besten Restaurants der Schweiz fand ich einmal im Vorratskeller Konfitüren, die über 15 Jahre alt waren. Der Küchenchef kochte sie vorsichtshalber auf, servierte sie dann aber zum Frühstück im angeschlossenen Hotel – der Geschmack war einwandfrei.

Beschriftung

Damit Sie den Überblick über die Schätze in Ihrem Vorratskeller behalten, sollten Sie alle Gläser mit Etiketten versehen. Auf jedem Glas sollte stehen, was drin ist und wann Sie es gemacht haben. Bei Rezepten, die Sie selten zubereiten, ist es hilfreich, auch die ungefähre Reifezeit und die voraussichtliche Haltbarkeit auf dem Etikett zu notieren. Sortieren Sie die Gläser so, dass Sie sehen, wann was »fällig« ist.

Besonders hübsch und gleichzeitig praktisch finden wir Etiketten, die Sie mit einer Schnur an die Gläser binden – wenn das Glas leer ist, haben Sie kein Problem, das Etikett wieder abzulösen.

Konfitüren, Gelees, Marmeladen, Fruchtpasten sind mindestens 1 Jahr haltbar. Konfitüren schmecken in den ersten Monaten am besten, manche Früchte verlieren nach einiger Zeit etwas an Farbe und Aroma. Frieren Sie eventuell Früchte für Ihre Lieblingskonfitüre ein, dann können Sie immer wieder frisch nachkochen.

Kaltgerührte Konfitüren müssen Sie im Kühlschrank lagern. Kaltgerührte Konfitüren mit Gelierzucker halten sich problemlos 4 Wochen. Kaltgerührte Konfitüren mit Agar-Agar sind eigentlich eher feste Fruchtsaucen, sie setzen sich nach 1–2 Wochen ab, sind dann zwar noch genießbar, aber nicht mehr schön.

Fruchtcremes mit Eiern und Butter, die angelsächsischen Brotaufstriche, können Sie 2–6 Wochen im Kühlschrank aufbewahren. Ein geöffnetes Glas sollten Sie innerhalb einiger Tage verbrauchen.

Kompotte, Röster und Sirups werden gekocht und heiß eingefüllt. Sie halten 6–12 Monate. Röster oder Kompotte mit sehr wenig Zucker sollten Sie heiß einfüllen und innerhalb einiger Wochen verbrauchen oder zusätzlich sterilisieren; dann halten Sie ebenfalls bis zu 1 Jahr.

Eingekochte und heiß eingefüllte Gemüse sind je nach Salz-, Zucker- und Essiganteil 6–12 Monate haltbar. Wenn Sie die Gläser einkochen, hält auch Gemüse mit geringeren Säuremengen 1 Jahr.

Gemüse in Salz und Öl halten 6–12 Monate. Wichtig: Halten Sie das Einmachgut stets vollständig von Öl bedeckt.

Dabei helfen kleine, säurebeständige Gewichte, z.B. kalkfreie Steine, die Sie gewaschen und sterilisiert – also 10 Min. ausgekocht – haben (s. Seite 138). In Antipasti-Gläsern aus südlichen Ländern sind oft kleine Plastikgitter, die denselben Zweck erfüllen. Gemüse in Öl mit Kräutern halten nur 2–3 Monate, danach werden die meisten Kräuter schmierig.

Sauerkraut und Co. halten im Gärtopf 6 Monate, wenn Sie die Töpfe etwas pflegen. Das heißt: Entnehmen Sie den Vorrat für 2–3 Wochen immer auf einmal, damit der Topf nicht zu oft geöffnet werden muss. Halten Sie die Wasserrinne gefüllt. Waschen Sie die Beschwerungssteine, falls nötig, nach der Entnahme ab und legen Sie sie vorsichtig wieder auf das Gemüse, so dass alles von Lake bedeckt ist.

Chutneys, Relishes und Saucen halten 6–12 Monate.

Fisch und Fleisch

Tunfisch in Öl und Leberwurst in Dosen halten beide lange. Alle anderen eiweißhaltigen Halbkonserven, die nicht so lange eingekocht werden, sollten Sie nach 3–4 Monaten verbrauchen. Für Gläser oder Dosen mit Fleisch oder Fisch gilt: **Wölbt sich der Deckel nach oben oder ist das Glas nicht mehr fest verschlossen, werfen Sie den Inhalt weg!** Es könnte sonst zu schweren Vergiftungen kommen!

Pannenhilfe

Die Konfitüre ist zu dünn

› War der Sommer feucht oder Sie haben nach einer Regenperiode geerntet, können die Früchte etwas mehr Wasser als sonst enthalten. Jeweils 1 kg der zu dünn geratenen Konfitüre unter intensivem Rühren aufkochen und 2–3 Min. kochen lassen. Nach erfolgreicher Gelierprobe noch einmal abfüllen.

› Ist die Konfitüre aus sehr süßen Früchten mit Gelierzucker 1plus1 gekocht? Dann kann es daran liegen, dass die Früchte (z.B. Erdbeeren, Holunderbeeren) nicht genug eigene Fruchtsäure haben. Hier hilft in den meisten Fällen die Zugabe von 2–4 EL Zitronensaft und nochmaliges Aufkochen für 2–3 Min.

› Wenn Sie sehr saure Früchte (z.B. Johannisbeeren) mit Gelierzucker 2plus1 verarbeitet oder noch Zitronensaft zugegeben haben, kann ein Aufstrich zu dünn werden. Dann etwas Apfelsaft oder pürierte Banane zugeben und nochmals für 2–3 Min. aufkochen lassen.

Das Gelee ist trüb

Wenn Sie die Früchte im Topf entsaften und danach zu stark auspressen, können der Fruchtsaft und damit das Gelee trüb werden – das ist ein Schönheitsfehler. Für einen ganz klaren Saft lassen Sie am besten die Früchte über Nacht abtropfen, ohne zusätzlichen Druck auszuüben.

Der Deckel geht nicht auf

Gläser mit Gummiring gehen immer auf: einfach an der Lasche ziehen, bis es zischt. Twist-off-Gläser sind manchmal widerborstig. Es gibt spezielle Geräte, die um den Deckel gelegt werden und über eine größere Hebelwirkung den Deckel lockern. Meist reicht es aber, das Glas umzudrehen, mit der Hand einmal kräftig auf den Glasboden zu klopfen und dann den gelockerten Deckel aufzudrehen.

Sauerkraut und Co. gelingen ganz leicht im Gärtopf – dabei hilft vor allem der sichere Luftabschluss durch eine Wasserrinne. Genaueres lesen Sie auf Seite 135 und bei den Rezepten nach.

Der Deckel wölbt sich nach oben

Der Inhalt ist verdorben, werfen Sie ihn weg! Vor allem bei Fleisch- oder Fischkonserven könnte es sonst zu schweren Vergiftungen kommen!

Ein Glas ist offen

Wenn ein Glas sich nach dem Einkochen nicht richtig schließt, können Sie den Inhalt entweder noch einmal aufkochen und in ein frisches Glas neu einfüllen oder im Kühlschrank lagern und als Erstes verbrauchen. Öffnet sich ein Glas, das schon geschlossen war, oder wölbt sich der Deckel nach oben – ebenfalls wegwerfen.

Schimmel im Glas

Verwenden Sie eher kleine Gläser, die Sie rasch verbrauchen können. Falls sich im geöffneten Glas doch einmal Schimmel bildet, gilt: Bei allen Konfitüren, eingemachten Gemüsen, Chutneys etc. kann der gesundheitsschädliche Schimmelpilz das ganze Glas durchziehen, auch wenn er noch nicht sichtbar ist. Werfen Sie den Inhalt weg!

Gesäuertes Gemüse riecht schwefelig

Milchsäurefermentation ist ein natürlicher Prozess, der in mehreren Phasen verläuft. Wir haben manchmal zwischendurch unangenehme Gerüche festgestellt, die nach einigen Tagen wieder verschwanden. Manchmal hilft es, die Hefeschicht auf der Oberfläche der Flüssigkeit zu entfernen. Es kann aber auch einmal zu einer Fehlgärung kommen, bei der das Ergebnis nicht schmeckt und Sie Ihre sauren Gurken wegwerfen müssen.

Glossar – Wichtiges in Kürze

Alkohol hat in manchen Rezepten konservierende Funktion (z.B. Rumtopf oder Garnelensauce, s. Seite 116). Meistens sollen Wein und Schnaps aber zum Aroma beitragen. Dabei sollten Sie zwei Dinge beachten: Erstens bleibt auch bei längeren Kochzeiten immer etwas Restalkohol zurück. Zweitens vermindert Alkohol die Gelierfähigkeit von Früchten und Geliermitteln – wir haben deshalb in unseren Konfitüre-Rezepten weitgehend auf alkoholische Zutaten verzichtet.

Beschwerungssteine sollen Eingemachtes in Öl am Aufschwimmen hindern. Die Steine können Sie selber sammeln und auskochen. Kalksteine sind als Beschwerungssteine ungeeignet, weil sie säureempfindlich sind – Sie können Kalkstein aber leicht erkennen: Hauchen Sie den Stein an – riecht er nach Lehm und Erde, dann ist es ein Kalkstein. Bei Gärtöpfen für die Milchsäuregärung werden gebrannte Beschwerungssteine mitgeliefert.

Brotaufstriche heißen alle Zubereitungen, die nach den Kategorien der Konfitüreverordnung weder als Marmelade noch als Konfitüre bezeichnet werden und trotzdem als Brotaufstrich verwendet werden.

Einmachhilfe, Gurkendoktor, Gurkenfest enthalten Zucker und den Konservierungsstoff Benzoesäure. Wir haben sie beim Einmachen nie gebraucht.

Etiketten und Anhänger sind eine wichtige Hilfe bei der Kontrolle Ihres Vorratskellers. Schreiben Sie auf jedes Glas Datum und Inhalt genau drauf und kontrollieren Sie Ihre Vorräte ab und zu.
Besonders hübsch sind selbst gebastelte Anhänger, die Sie mit dekorativen Bändern unter dem Deckel festbinden.

Gerbsäuren sind nicht nur für die herben, adstringierenden Aromen im Rotwein verantwortlich, sie wirken auch konservierend. Blätter von Wein, Lorbeer, Quitte, Johannisbeere oder Eiche enthalten alle reichlich Gerbsäuren und eignen sich daher gut, um das Einmachgut in einem Glas abzudecken. Wenn Sie noch ein kleines Gewicht drauflegen, können leichte Kräuter oder Früchte nicht aus ihrer Einmachflüssigkeit auftauchen.

In **kaltgerührte Konfitüren** muss der Zucker intensiv eingerührt werden. So bleiben Inhaltsstoffe der Früchte besser enthalten, sie schmecken intensiver, müssen aber schnell aufgebraucht werden.

Kennzeichnungspflicht Wenn Sie Ihr Eingemachtes verkaufen, auch in kleinem Rahmen, gibt es eine Vielzahl von Vorschriften zur Kennzeichnung und Hygiene, die Sie beachten sollten.

Konfitüre kommt vom französischen »la confiture«. Seit einer Konfitüren-Verordnung der EU aus dem Jahr 1983 werden damit Fruchtzubereitungen aus Gelierzucker und pürierten oder klein geschnittenen Früchten bezeichnet. Eigentlich kommt es dabei noch auf den genauen Zuckergehalt an – der Einfachheit halber nennen wir auch Brotaufstriche mit wenig Zucker Konfitüre.

Konserven/Vollkonserven sind durch Hitzeeinwirkung haltbar gemachte Konservenerzeugnisse. Sie sind auch unter hoher Hitzeeinwirkung nahezu unbegrenzt haltbar. Im Haushalt können die dafür notwendigen hohen Temperaturen nicht erreicht werden.

Marmelade hieß früher vor allem im süddeutschen Raum und in Österreich alles, was heute Konfitüre heißt. Inzwischen dürfen nur noch Brotaufstriche aus Zitrusfrüchten als Marmelade bezeichnet werden.

Oxalsäure Rhabarber z.B. enthält Oxalsäure, die den Geliervorgang beim Konfitürekochen behindert. Deshalb Rhabarber immer vorkochen, dabei zerfällt der größte Teil der Oxalsäure.

Pektin ist der Oberbegriff für eine Gruppe von löslichen Ballaststoffen. Pektine kommen in Pflanzen vor und übernehmen zusammen mit Zellulose wichtige Stützfunktionen der Pflanzen. Gewonnen werden Pektine aus Orangenschalen und den Pressrückständen bei der Herstellung von Apfelsaft oder Apfelwein. Beim Kochen von Konfitüren bindet das Pektin (in Früchten und Gelierzucker) die Kochflüssigkeit. In kaltem Zustand bildet sich ein »Gel«, die Konfitüre geliert.

Präserven oder Halbkonserven sind durch Hitzeeinwirkung haltbar gemachte Lebensmittel mit nur befristeter Haltbarkeit.

Wein enthält Säuren und Alkohol. Beides wirkt konservierend, deshalb werden Weine, manchmal in Kombination mit Essig, häufig für die Herstellung von eingelegten Gemüsen oder Früchten verwendet.

Zitronensaft wirkt durch seine Säure konservierend. Pektin benötigt Fruchtsäuren beim Geliervorgang. Zitronensaft wird oft zugegeben, um die natürlichen Fruchtsäuren zu ergänzen.

Zitronensäure gibt es als Pulver und hat beim Einmachen dieselbe Funktion wie Zitronensaft. 1 Päckchen mit 5 g entspricht etwa 7 EL Saft.

Gewürze – was passt wozu?

Chili und Peperoni geben pikant Eingemachtem seine Schärfe. Wenn Sie immer die gleichen Chilis oder Peperonis beim selben Händler kaufen, können Sie die Schärfe am besten dosieren.

Fenchelsamen passen gut zu mediterranen Rezepten wie mariniertem Tunfisch (s. Seite 110) und generell zu pikanten Chutneys. Sie kommen auch in vielen orientalischen und asiatischen Gewürzmischungen vor. Die ätherischen Öle schmecken nicht nur gut, sondern regen auch die Verdauung an.

Gewürznelken sind die sehr intensiv schmeckenden getrockneten Blütenknospen des Nelkenbaumes. Nelken werden immer stückweise verwendet, für die meisten Rezepte reichen 2–5 Stück. Die würzigen Knospen werden oft für pikante Gemüsekonserven verwendet und sind in vielen klassischen Saucen zu finden. Besonders gut passen Nelken zu Gerichten mit Äpfeln, wie z.B. Apfelkompott oder Bratapfel sowie in Pickles.

Ingwer wird erst seit wenigen Jahren frisch angeboten. Die hellbraunen Wurzeln schmecken scharf und sehr aromatisch. Die Ingwerwurzel ist sehr gesund und wirkt antibiotisch, ähnlich wie Meerrettich oder Zwiebeln. Ingwer passt gut zu Kürbis sowie in Sirups, Pickles und Chutneys.

Kardamom ist mit dem Ingwer verwandt. Seine würzigen Samen werden oft in der Samenkapsel angeboten. Die Samenkapseln werden leicht gequetscht, um die Kerne herauszulösen. Am gebräuchlichsten sind grüne oder gebleichte weiße Kardamomkapseln. Es gibt auch eine Kardamomsorte mit deutlich größeren, braunen Kapseln; sie schmecken sehr intensiv. Kardamom wird nicht nur in Chutneys und Curries gerne verwendet, er ist auch für asiatische Desserts sehr beliebt.

Korianderkörner sind seit Jahrhunderten Bestandteil von Brot- und Backgewürzen. Fürs Einmachen passen sie gut in süß-sauer Eingelegtes, Chutneys und Pickles.

Kümmel ist eines der ältesten Gewürze, sein Aroma erinnert an Fenchelsamen oder Anis mit einem Hauch Pfeffer. Die ätherischen Öle im Kümmel schmecken gut und regen die Verdauung an. Auch deshalb kommt Kümmel in der eher schweren ländlichen Küche häufig vor; er passt auch in sauer Eingelegtes.

Lorbeerblätter werden frisch oder getrocknet verwendet. Der Geschmack von Lorbeer ist sehr intensiv, leicht bitter und gerbstoffreich. Alles, was sauer ist, verträgt auch Lorbeer, deswegen ist das aromatische Blatt in vielen Rezepten für eingelegte Gemüse zu Hause.

Muskatnuss ist der Samen des Muskatbaumes. Die **Muskatblüte** (Macis) ist die orangerote Hülle der Nuss. Muskatblüte wird in größeren Stücken oder als Pulver mitgekocht, Muskatnuss fein gerieben – der Geschmack ist ähnlich. Beide Gewürze werden in ganz kleinen Mengen für Kompott sowie für pikante Gerichte wie Chutney oder Leberwurst verwendet.

Piment/Nelkenpfeffer hieß früher Allgewürz oder Neugewürz; es schmeckt tatsächlich nach einer Mischung aus verschiedenen anderen Gewürzen wie Nelken, Zimt oder Muskat. Piment gehört v. a. in die süße Küche, es passt aber auch zu eingelegten Heringen.

Senfkörner benötigen Sie, um eigenen Senf herzustellen (s. Seite 106). Außerdem kommen sie häufig in die Marinade von Pickles oder anderen sauer eingelegten Konserven. Wie bei fast allen scharfen Gewürzen wirken die im Senf enthaltenen Senföle konservierend.

Sternanis und Anis haben ein ähnliches Aroma, obwohl die Pflanzen nicht verwandt sind. Seit es in Kochbüchern Rezeptfotos gibt, hat der dekorative Sternanis eindeutig die Oberhand gewonnen. Er passt in Kompott und sauer Eingelegtes wie Kürbis. Dosieren Sie vorsichtig, 1 oder 2 Sterne sind oft genug – unseren ersten Cassislikör (s. Seite 52) haben wir mit 8 (!) Sternanis angesetzt, das Ergebnis hat geschmeckt wie Hustensaft.

Vanille Die Schoten werden unreif geerntet und fermentiert. Die meisten der teuren Schoten kommen heute aus Madagaskar. Sie ist auch gemahlen im Handel.
Vanillezucker ist eine kostengünstige, wenn auch nicht ganz so aromatische Alternative. Vanillinzucker ist mit chemisch hergestelltem Vanillin aromatisierter Zucker und kommt als Ersatz eher nicht in Frage.

Wacholderbeeren sind die Früchte eines immergrünen Strauches aus der Familie der Zypressen. Wacholder wächst auch in Deutschland, die meisten Beeren kommen aber aus Ungarn und Italien. Wacholder ist das geschmacksbestimmende Gewürz in Gin und Genever. Die Beeren passen gut zu Apfel und Zitrusfrüchten sowie zu sauer eingelegten Pilzen, Fisch und Sauerkraut.

Zimt ist die getrocknete Rinde des Zimtstrauches, die sich beim Trocknen zu dünnen Stangen zusammenrollt. Zimt passt zu vielen Obstsorten ins Kompott. Wir haben ihn auch für eingelegten Rettich verwendet.

Damit Sie Rezepte mit bestimmten Zutaten noch schneller finden können, stehen hier beliebte Zutaten wie Äpfel oder Gurken über den entsprechenden Rezepten.